먹는 것도
철학이
되나요?

10대를 위한 철학 큰 스푼 ①
먹는 것도 철학이 되나요?

초판 1쇄   2025년 10월 20일

지은이   이지애
그린이   아소코민
편집   오경희
디자인   이재호

펴낸이   이경민
펴낸곳   (주)동아엠앤비
출판등록 2014년 3월 28일(제25100-2014-000025호)

주소   (03972) 서울특별시 마포구 월드컵북로 22길 21, 2층
홈페이지 www.dongamnb.com
블로그   https://blog.naver.com/damnb0401

전화   (편집) 02-392-6901 (마케팅) 02-392-6900
팩스   02-392-6902
이메일   damnb0401@naver.com

ISBN   979-11-6363-984-8(44100)
             979-11-6363-983-1(세트)

10대를 위한 철학 큰 스푼 ❶

논술 사고력을 키우는 10대들의 엉뚱한 질문

먹는 것도 철학이 되나요?

이지애 글 | 아소코민 그림

자기 주도적
인문교양 수업

철학

한국철학
교육학회
추천도서

동아엠앤비

매일 먹는 '음식 생각'에서 철학은 시작된다

매일매일 우리는 음식을 먹습니다. 매일매일 우리는 생각을 합니다. 매일매일 우리는 여러 가지 생각 중에 '음식 생각'도 합니다. 우리는 인간이니까, 우리의 배고픔을 채워 줄 음식과 식사에 대해 끼니때마다 잠시라도 생각하게 됩니다.

학교 급식을 먹는 우리 학생들은 오늘 급식 메뉴는 무엇일지, 내가 좋아하는 음식이 나올지, 어떤 친구와 함께 먹을지, 빨리 먹을지, 늦게 먹을지 등을 생각하게 됩니다. 때때로 집 밖에서 식사할 때는 무엇을 먹을지, 어느 식당을 고를지 고민이 되어서 아주 많이 생각해야 합니다.

만약 우리가 직접 음식을 만들어 먹는 경우라면 생각할 것이 더욱 많아집니다. 무슨 특별한 날이라면 그 의미에 맞게 만들 음식을 정하고 어떤 재료를 어디서 구매할지, 어떻게 요리하는 것이 좋을지 요리 방법도 찾아보고 나만의 특색 있는 방식으로 어떻게 맛있게 만들지도 깊이 생각할 것입니다.

몸이 몹시 아프면 아무 음식이나 먹을 수 없고, 건강을 회

복시켜 줄 음식, 내 몸에 맞는 음식을 매우 잘 생각해서 먹어야 합니다. 이렇게 우리의 일상적인 삶에서 '음식 생각'은 매일매일 어떤 모양으로든 반드시 할 수밖에 없습니다. 심지어 아무것도 먹지 않겠다는 생각조차 '음식 생각'에 포함되지요.

그런데 이런 매일매일의 우리 '음식 생각'이 철학이 될 수 있을까요? 이 물음에 대한 답은, 우리가 '철학'을 어떤 의미로 사용하느냐에 따라 달라질 것입니다. 철학을 매우 어렵고 추상적인 이론으로 보거나, 전통적인 철학자들이 수립해 놓은 사유 체계로 본다면, '음식'에 대한 철학적 체계를 찾기는 어려울 것입니다. 음식과 같은 일상적인 소재로 심오한 철학을 논하는 것조차 우스꽝스러운 일이라고 여길 수도 있습니다.

하지만 철학은 철학자들만 할 수 있는 것이 아니라, 생각을 하는 사람이라면 누구나 할 수 있는 사유입니다. 그렇기에 우리의 음식 생각은 얼마든지 '철학하기'의 소재가 될 수 있습니다. 음식에 관한 다양한 관점의 깊이 있는 생각들을 모은

다면 하나의 철학적 사유 체계를 만들어 내는 것 또한 가능합니다.

나는 '철학'의 의미를, 삶에서 깊이 있게 사유하는 '철학하기'로 생각합니다. 따라서 이 책에서 청소년 여러분과 함께 우리의 일상적 '음식 생각'을 음식에 의한, 음식을 위한, 음식의 '철학하기'로 풀어내 보고자 합니다. 무슨 '음식 공화국'이라도 세우는 선언 같나요?

네, 어떤 의미에서는 그렇습니다. 우리 삶의 일부인 음식, 그리고 그 음식에 대한 우리의 생각이 주인이 되어서 다음 세 가지 방향에서 본격적인 철학하기를 해 보려고 합니다.

첫째, 매일의 일상에서 만나는 음식에 관한 우리의 이야기를 곱씹어 볼 것입니다. 그 이야기를 가지고 여러 가지 관점에서 더 깊이 생각해 보고자 합니다. 이것은 음식을 통한, 또는 음식에 의한 '분석적인' 철학하기의 방향입니다.

둘째, 날마다 똑같다고 생각하는 음식들에 대해, 어릴 적

부터 길들여 온 식습관들에 대해, 음식에 대한 고정된 관념들에 대해 다시 들여다보고 뒤집어보고 다른 방향에서 탐구해 보려고 합니다. 그래서 우리가 새롭게 음식을 인식하는 생각의 변화를 만들어 보고자 합니다. 이것은 새로운 음식 생각을 위한, 미래의 색다른 음식 문화를 위한 '창의적인' 철학하기의 방향입니다.

셋째, 음식과 관련된 일상적 행위들은 개인의 능동성과 주체성의 성장을 가장 잘 드러내는 삶의 양식입니다. 예를 들어 남이 먹여 주는 음식을 먹다가 스스로 먹게 될 때, 남이 차려 주는 음식만 먹다가 스스로 챙겨 먹게 될 때, 나아가 자기 음식을 스스로 요리하게 될 때, 우리는 성장하는 뿌듯함을 느낍니다.

음식에서 출발해 우리 삶에 나타나는 이런 변화는, 우리 언어 표현의 온갖 국면에서 능동성과 주체성을 나타낼 때 대표적인 은유로 활용됩니다. 떠먹여 주기식 암기 공부가 아니

라 스스로 공부해 체화해 내는 자기 주도 학습처럼, 외국 사상을 답습하는 게 아니라 우리 체질에 맞는 사상으로 조리해 내는 솜씨처럼요.

음식은 배고픔을 채우는 먹거리에만 머물지 않고 인간이 인간다워지는 주체적인 삶, 그 중심에 있습니다. 그래서 나는 이 책에서 인간의 삶과 음식이 하나의 주체가 되어 펼치는 '능동적인' 철학하기의 방향을 추구하고자 합니다.

책은 총 세 파트로 구성했습니다. 첫 번째 파트에선 '나의 식생활을 탐구'합니다. 식탐, 음식의 외모지상주의 같은 현상을 살펴본 다음 맛의 보편적 기준, 음식의 중용, 탐욕 등의 본질로 나아가는 장이 될 것입니다.

두 번째 파트에선 음식 문화에 대해 탐구합니다. 왜 한국인은 '밥심'인가? 소울푸드, 금식과 단식, 학교 급식 같은 현상에서 음식의 형이상학으로 탐구의 깊이가 깊어집니다.

끝으로 세 번째 파트에선 음식의 윤리와 예술에 대해 탐

구합니다. 음식치료, 음식 놀이, 음식 예술, 나아가 알약 한 알로 75년을 사는 미래의 모습도 상상해 보았습니다. 음식이 우리의 사유에 던져 주는 무궁무진한 철학의 세계를 탐구할 수 있을 겁니다.

철학이 지루하고 무의미하다고 생각하나요? 이 책과 함께 '음식 철학'을 해 나간다면 결코 그런 생각이 들지 않을 겁니다. 매일 먹는 음식을 소재로 하므로 오히려 재미있고 의미를 발견하는 사유를 하게 될 겁니다. 나아가 새롭게 나 자신을 만들어 가는 생각을 즐기게 될 겁니다. 여러분을 청소년 음식 철학자가 되는 여행에 지금 초대합니다!

청소년들과 함께 철학하기를 좋아하는 이지애 드림

이화여대 철학과 부교수, 한국철학교육학회 학회장,
한국철학회 철학올림피아드 위원회 위원장

매일 먹는 '음식 생각'에서 철학은 시작된다

PART TWO | 음식은 문화다
▶ 음식과 문화 공동체 탐구

PART THREE | 음식은 윤리이며 예술이다
▶ 음식과 미래 생활 탐구

PART ONE

음식은 물질이다
▶ 나의 식생활 탐구

음식과 나의 만남!

맛이라는 감각의 정체

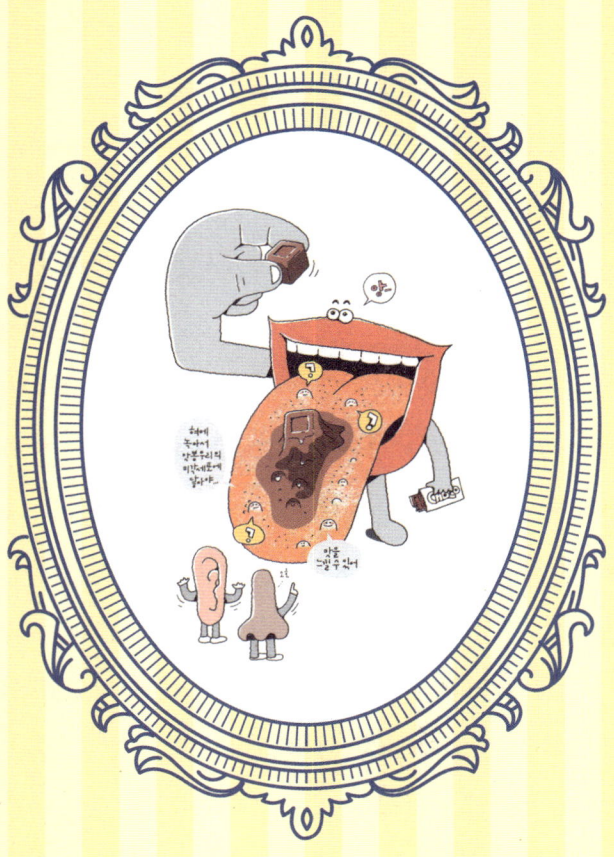

그 좋은 버섯과 당근을 왜 싫어할까?

"으웩~~ 무슨 맛이 이래? 난 안 먹어!"

이렇게 소리 지르면서 음식을 뱉어 버린 적이 있나요?

나는 어릴 때 '버섯'을 못 먹었어요. 아마도 아주 귀하고 몸에도 좋다는 송이버섯이었을 거예요. 지금은 그 향긋한 버섯을 너무도 좋아한답니다.

내 친구는 어른이 되어서까지 '당근'을 무슨 맛에 먹냐며 다 빼고 먹어요. 여러분도 남들은 다 맛있다고 먹는데, 절대로 먹기 싫은 것 한두 가지는 있지요? 그 '맛없는' 음식에 대해 곰곰이 생각해 봅시다.

같은 음식인데 어릴 때는 맛없어서 도저히 못 먹다가 어른이 되어 매우 즐겨 먹는 경우가 종종 있어요. 음식은 변하지 않았는데 왜 내 입맛은 달라지는 걸까요? 같은 음식을 나는 잘 먹고 내 친구는 못 먹는 경우도 있지요. 비슷한 환경과 문화에서 자란 두 사람인데 왜 입맛이 서로 다른 걸까요?

어디 그뿐인가요? 같은 음식인데 어떤 때는 맛있고 어떤 때는 맛없게 느껴질 때도 있지요? 그럼 이런 경우, 그 음식이 문제일까요, 그때마다 달라지는 내 입맛이 문제일까요?

맛이라는 것이 음식마다 고유하게 있는 것이면서도, 잘 생

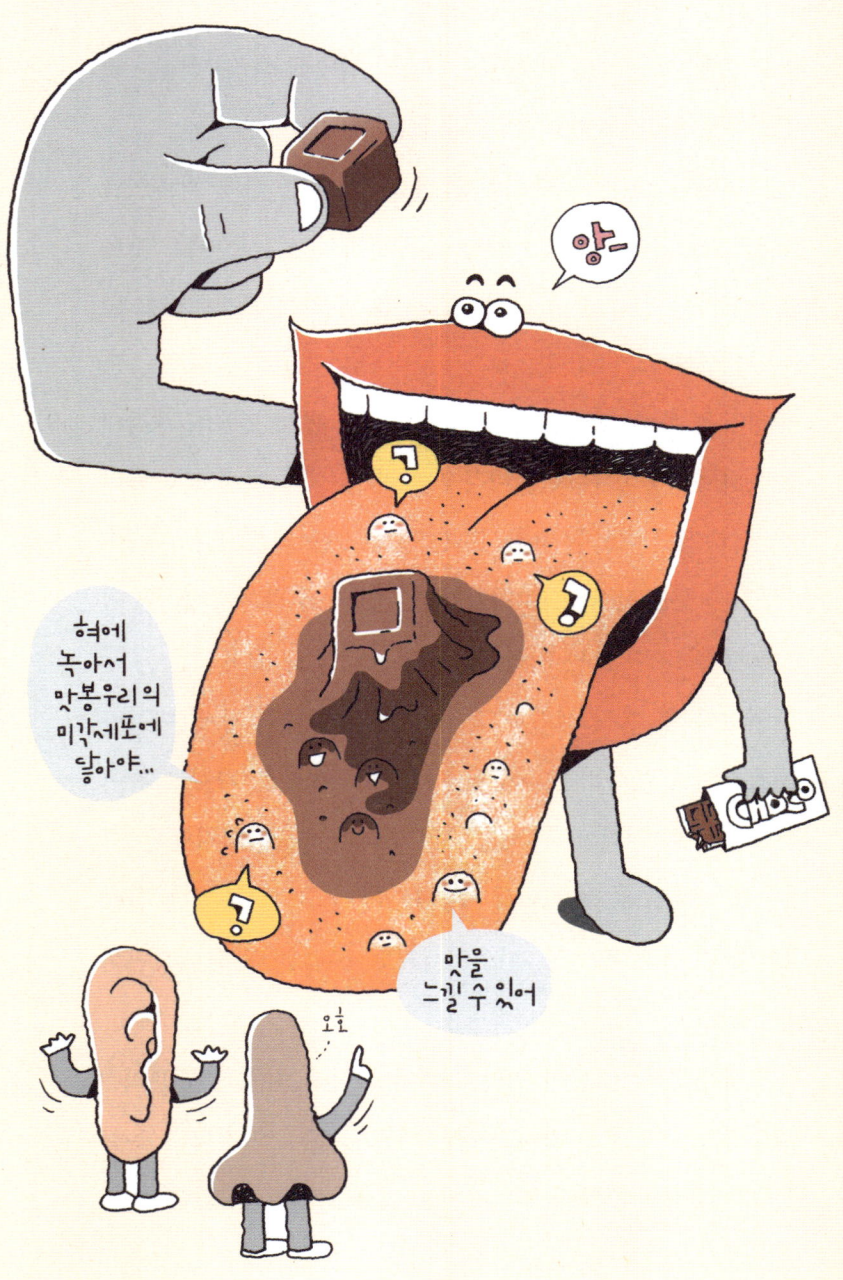

1장 음식과 나의 만남!

각해 보면 그 음식을 맛보는 인간들의 입맛에 따라 맛있는 것이 되기도 하고, 맛없는 것이 되기도 하네요.

그렇다면 도대체 '맛'이란 뭘까요? 우리는 언제 처음으로 음식의 '맛'을 느끼나요? 인간의 관점에서 생각한다면, 맛은 인간이 가진 감각 중 하나인 '미각(味覺)'의 인식 활동이라고 할 수 있습니다.

청각을 통해 소리를 분별하고, 시각을 통해 사물의 생김새를 알아차리듯이 우리는 미각을 통해 음식의 맛을 파악합니다. 갓 태어난 아가는 눈도 뜨기 전에 젖을 먹습니다. 그리고 아무거나 무조건 입으로 가져가는 어린아이 때는 먹을 수 있는 것과 먹을 수 없는 것을 '맛'으로 구분해 냅니다.

여기서 한 가지 생각해 봅시다. 인간의 오감 중에 미각만은 인간이 인식하려는 대상을 자기 몸(입)속으로 가지고 들어와야 비로소 인식할 수 있는 감각입니다. 다른 감각들은 그 대상을 몸속으로 가져오지 않지요. 청각, 시각, 후각은 감각 대상이 내 몸과 떨어진 채로 인식되고, 촉각은 몸에 닿으면서 감지되지요.

미각은 감각 대상이 입안의 혀에 녹아서 혀의 맛봉우리(미뢰)의 미각 세포들을 자극해야만 어떤 맛인지 인지되는 유일한 감각입니다. 몸(입)과 떨어져서는 맛을 감지할 수 없습니다.

그래서 TV와 유튜브에서 온갖 맛있는 음식을 설명해도 시청자는 정확히 어떤 맛인지 알 수 없는 겁니다. 미각은 직접 먹어 보지 않는 한 인지되지 않는 감각입니다.

왜 미각검사는 안 하는 걸까?

미각은 사물이 몸(혀) 안에서 직접 용해되는 과정을 거쳐서 인간에게 인식되는 감각 경험입니다. 맛과 미각은 대상과 거리를 둔 피상적인 앎이 아니라 '씹고 뜯고 맛보는' 실천으로 체화됩니다.

그런데 이상하지요? 우리가 건강검진을 할 때, 시력검사와 청력검사는 있는데 왜 미각검사는 없을까요? 먹는 것은 건강과 직결되는 중요한 문제인데 말이지요.

생존을 위해 먹으면 충분할 뿐, 굳이 맛을 따질 필요는 없기 때문일까요? 건강과 관련된 미각 능력이 무엇인지 정확하게 선 그어 규정하기가 어려워서일까요? 그런 능력을 어느 정도 규정하더라도 객관적으로 측정할 수 없기 때문일까요?

아마 현재로는 다 해당할 겁니다. 미각검사가 필수가 아닌 이유를 추가로 생각해 보았습니다. 우선, 청각이나 시각을 통한 인식 활동은 인간이 건강하게 생활하는 데 매우 중요한 역할을 하는 반면 미각, 후각, 촉각은 그 중요도가 비교적 적다고 일반적으로 판단하는 것도 이유일 수 있습니다.

청각이나 시각을 일정 수준 잃게 되면 우리는 일상생활을 유지하는 데 장애라고 판정받고 정부의 도움도 받습니다. 하지만 미각, 후각, 촉각은 그렇게 취급되지 않지요. 얼마 전, 코로나 팬데믹 시기에 미각과 후각을 잃어서 냄새도 못 맡고 아무 맛을 느끼지 못하는 사람들이 생겼습니다만 큰 장애로 인정되지 않았습니다.

여기서 재미있는 사실이 하나 있습니다. 과거 교과서에 '혀의 맛 지도'가 실려 있었습니다. 혀의 맛 지도란 혀 모양의 그림에 기본적인 맛 네 가지(단맛, 짠맛, 신맛, 쓴맛)를 느끼는 부분을 표시한 것을 말합니다. 그런데 최근 연구에서 '맛 지도'는 잘못된 것이라고 합니다. 이유는 다음과 같습니다.

혓바닥과 입천장에는 1만여 개의 맛봉오리가 있는데, 이 맛봉오리들은 기본적인 맛을 다 느낄 수 있는 미각 세포들을 가지고 있다고 합니다. 기본적인 맛을 네 가지로 모으는 데도 오랜 연구의 시간이 걸렸지만, 연구자마다 기본 맛에 더 추가할 맛(감칠맛, 느끼한 맛 등)을 계속 제안하고 있다고 합니다.

그러니까 미각에 관한 연구는 현재 진행 중이고 인간의

공통된 미각 능력을 규정해 내는 데는 좀 더 다각적인 연구가 필요할 겁니다. 왜 그런 연구가 필요한지에 대한 논의도 있어야 하겠지요.

시력과 청력을 검사하듯이, 미각 능력도 건강의 기준에서 평가하는 시대가 가까운 미래에 올 수 있으리라 생각합니다. 심리적 건강을 측정하는 검사들이 필요에 따라 다양하게 발달했듯이 말이지요.

'건강'의 개념은 시대에 따라 달라질 수 있습니다. 삶의 질을 높이는 수준으로 확장될 수도 있겠지요. 따라서 미각 능력도 건강을 유지하는 중요한 잣대가 될 겁니다. 이것은 마치 서양 철학에서 감각 인식에 대한 철학자들의 생각이 서로 다른 것과 같습니다.

고대와 중세 시대에 주류 철학자들은 영원불변하는 '진리'를 인식하는 데는 인간의 인식 능력 중 '이성(理性)'만 적합하다고 보았습니다. 변덕스러운 '감각(感覺)'은 오히려 진리 인식에 혼란만 가져온다고 생각했지요. 하지만 근대로 오면서 일부 철학자들은 감각 경험이야말로 인간이 사물을 인식하는 데 가장 직접적이고 정확한 수단일 뿐 아니라, 오류를 확인하고 검증하는 데 적격이라고 생각했습니다.

현재 우리에게 청각과 시각은 건강의 중요한 척도입니다.

반면에 미각은 건강의 기준을 마련하기가 어렵고, 미각을 잃어서 맛을 느끼지 못해도 살아가는 데 큰 불편이 없다고 볼 수 있습니다.

하지만 미래 세상에 그 '건강'의 기준이 변한다면 어떻게 될까요? 인공지능 로봇이 시청각 인식은 인간보다 더 잘해 줄 수 있지만, 미각만큼은 인간을 이길 수 없다면요? 그래서 미세한 맛까지 인식하는, 맛 인식 스펙트럼을 강하게 소유한 사람일수록 수준 높은 삶을 사는 사회가 된다면요?

그런 미래에는 미각을 기준으로 절대 미각의 소유자부터 미각에 둔감한 사람까지 분류할 수 있을 겁니다. 맛집 찾기에 최적화된 사람, 알약으로 살아도 행복한 사람 등 미각에 따라 다양한 유형을 분류할 수도 있겠지요.

마치 성격 유형을 따지는 것이 대인관계의 기본이 된 요즘처럼, 미각 능력과 맛 분별 유형, 맛의 기호 유형이 사람을 이해하는 데 기준이 되는 미래도 가능하지 않을지요. 여러분은 이미 그런 유형을 분류하고 있는 건 아닌지요?

제2장

'입'에 좋은 음식
vs. '몸'에 좋은 음식
맛의 보편적 기준에 대한 탐구

초딩 입맛이라고 함부로 말하지 마!

"제발, 한 번만 먹어 봐~! 맛보면 생각이 달라질걸."

생소한 음식을 무조건 거부하고, 자기가 먹던 것만 먹는 사람들에게 주변에서 늘 이렇게 권하지요.

대가족 모임으로 뷔페식당에 온 일곱 살 고집쟁이 초등학생 조카는 인생을 겨우 7년 살아본 것인데도, 마치 이 세상 음식을 다 먹어 본 것처럼 눈앞의 다양한 요리를 쳐다보지도 않네요. 안타까워서 이곳저곳 끌고 다니며 '맛있는' 음식들을 설명해 주어도, 결국 초콜릿 분수 쪽으로 쪼르르 달려갑니다. 오죽하면 '초딩 입맛'이라는 표현이 나왔을까요.

혹시 여러분도 그런가요? 과자랑 단것만 먹으면 이빨 썩는다, 살찐다, 키 안 큰다……. 주변에서 온갖 잔소리를 늘어놓아도 학교 앞 문방구에서 파는 알록달록한 불량 식품이 맛있기만 하던 시절이 있었나요?

나도 그런 시절이 있었어요. 건강을 해친다고 부모님이 아무리 걱정하고 잔소리해도 밥 안 먹고 군것질하는 시간이 마냥 행복했답니다.

여러분은 언제 '초딩 입맛'에서 벗어나 몸에 좋다는 음식을 맛있게 먹게 되었나요? 몸에 좋은 건강한 음식이지만, 여전히 입맛에 맞지 않아서 간신히 먹고 있나요?

어릴 적에는 입이 좋아하는 음식만을 찾았다면, 이제는 건강을 위해 몸에 좋은 것과 나쁜 것을 구별해서 먹을 수 있어야 합니다. 내 입맛과 상관없이, 심지어 내 입맛을 바꿔 가면서까지 그럴 수 있어야 해요. 그러다가 몸에 좋은 음식이 내 입맛에도 맛있는 것이 되면, 비로소 나는 '어른 입맛'을 가지게 되어 '몸에 좋은 음식 = 맛있는 음식'으로 분별하는 미

각으로 성장하게 됩니다. 물론 어른이라고 다 어른 입맛을 가지는 건 아니에요.

그런데 여기서 의문이 듭니다. 도대체 나에게 맛있는 음식을 판단하는 기준은 어디서 오는 걸까요? 몸에 좋다니까 그 음식을 계속 먹게 되고, 그러다 보니 내 입맛도 그 맛에 길들면서 맛있다고 인지하게 되는 걸까요? 아니면 원래 몸에 좋은 음식이 맛도 좋은 것인데, 내 미각 인식이 덜 발달해서 그 맛을 좋게 느끼지 못했던 걸까요?

이 두 질문은 비슷한 것 같지만, 실은 아주 다른 방향의 두 가지 큰 생각을 대전제로 하고 있습니다. 그중 하나는 음식의 '맛있음'과 '좋음'이라는 성질이 원래부터 존재하고, 맛있는 음식과 좋은 음식을 판별하는 보편적인 기준이 있다는 생각입니다. 다른 하나는 맛있는 음식과 좋은 음식을 판별하는 보편적 기준 같은 건 있을 수 없다는 생각입니다.

후자는 개인마다 체질이 다르므로 몸에 좋다는 기준도 다르고, 사람의 기호마다 문화마다 맛있는 음식의 기준도 다양하므로 좋음과 맛있음의 절대적 기준은 있을 수 없다는 생각이지요. 여러분은 어떤 쪽인가요?

음식의 이데아를 탐구하다

'좋음'의 보편적이고 절대적인 기준이 원래 존재하고, 그렇기에 모든 인간은 삶에서 그 방향을 추구하게 된다는 사상이 있습니다. 이는 고대 그리스 철학자 플라톤(Plato, 기원전 약 428~347)이 '이데아(idea)'라고 표현한 것에 부합하는 사상입니다.

우리는 동그라미를 그릴 때 가능하면 완벽한 동그라미에 가깝게 그리려고 하지요? 왜 그럴까요? 플라톤의 이데아 사상에 따르면 우리 머릿속에 완벽한 동그라미가 존재하기 때문입니다. 그런 이미지를 원의 이데아라고 합니다.

'천사'도 마찬가지로 이데아가 있어서 조각가가 천사를 조각할 때 천사의 이데아와 똑같이 좀 더 완벽한 천사를 조각해 내려고 애씁니다. 이데아는 도형이나 조각상뿐만 아니라, 인간이 추구하는 진선미(眞善美)의 가치에도 적용됩니다. 왜 사람들은 진선미의 가치를 선호하고 지향하게 될까요?

플라톤은 그리스 신화에 빗대어 이를 설명합니다. 인간의 영혼은 보이는 현상 너머, 보이지 않는 완벽한 형상의 세상에서 살았습니다. 그 세상에서 인간은 진리, 선함, 아름다움에 대한 이데아 관념이 있었는데, 망각의 강 '레테(Lethe)'를 건너 이 세계로 넘어오면서 그 관념을 잊어버렸지요.

하지만 완벽한 이데아의 세계를 맛보았던 인간의 영혼(정신)은 그 이데아를 계속 떠올리고 기억해 내려고 합니다. 바로 이 것이 사람들이 이 세상에서 살아갈 때 참된 것, 선한 것, 아름 다운 것을 추구하는 이유입니다.

우리가 고민했던 '좋음'과 '맛있음'의 물음에 이데아 사상 을 적용해 보면 어떨까요? 음식 자체의 이데아는 없을지 모 르지만, 음식을 '좋음'의 이데아를 기준으로 평가할 수 있을 것입니다.

우리는 지금까지 몸에 좋음, 즉 육체의 건강만 이야기했지 만, 사실 우리는 심리적인 정서에 좋은 음식, 공동 사회를 유 지하는 데 필요한 좋은 음식을 추구합니다. 그 '좋음'에 대한 이데아를, 레테의 강을 건너기 전에 가지고 있어서 그런지 모 르겠습니다.

맛있음의 기준을 생각해 보아도 음식 자체가 가지고 있는 성질(음식 재료의 신선도와 기본 맛들의 조화 등)이든, 인간이 미각을 통해 느끼는 성질(건강한 입맛으로의 변화 등)이든, 분명 음식의 맛있음 자 체가 어느 정도 이데아로 존재하는 것 같습니다.

만국 공통의 맛집이 있고, 세계인의 입맛을 사로잡는 음식 이 존재하는 것이 그 증거겠지요. 그래서 나는 우리가 건강하 고 맛있는 음식을 추구하는 이유가, 음식에도 '이데아'가 있어

서가 아닐까 생각합니다.

사람들이 서로 대화를 하려면 대화 주제에 관해 이데아의 관념을 어느 정도 공유해야 하지요. "정의란 무엇인가?" "우리 사회가 정의롭게 되기 위해 어떻게 해야 하나?"를 논의하려면, 우리는 '정의로움'의 이데아를 완벽하게는 아니더라도 어느 정도 알아야 대화가 될 겁니다.

이와 마찬가지로, 사람들이 요리 대회를 열고, 음식의 우열을 가리고, 좋은 음식을 지속적으로 연구하기 위해서는, 우리가 먹는 음식의 이데아가 어느 정도 상정되어야 할 겁니다. 그래야 그런 음식의 이데아를 더 잘 구현해 내려는 모든 행위가 의미를 갖게 되겠지요.

물론 음식의 이데아가 정확히 무엇이라고 콕 집어서 말하기 어려울 수 있습니다. 시대와 문화를 초월해 바로 이것이 음식의 이데아라고 명확히 규정할 수도 없겠지요. 다만 '좋은 음식'과 '맛있는 음식'을 추구하는 인간의 생각 속에 음식 이데아가 있는 것은 분명해 보입니다.

그런데 나는 이 음식 이데아를 구성하는 요소에는 음식 자체의 '좋음'도 있지만, 그 음식을 '맛있게' 먹을 수 있는 '좋은' 분위기도 포함된다고 생각합니다. 아무리 좋은 음식도 누구와 같이 먹느냐, 어떤 이야기를 하면서 어떤 분위기에서 먹느냐에 따라 그 음식은 더 맛있기도 하고, 아예 맛이 없어지기도 하니까요.

나는 예전에 어떤 식탁에서 매우 좋지 않은 말을 들으면서 식사한 적이 있었는데 식사 후 몽땅 토해 버렸답니다. 사실 음식 자체는 맛이 있었습니다. 그러나 함께 식사하는 사람들의 말이 매우 부정적이고 심리적으로 나를 힘들게 했습니다. 그러나 내 생각을 솔직하게 말할 수 없는 상황이라 그저 먹기만 했지요. 그런데 식사 후 화장실에서 다 토하고 말았습니다. 마치 상한 음식을 먹은 것처럼요.

우리가 이 세상을 살면서 '기억'해 내야 할 '맛있는 음식의 이데아'는 어떤 걸까요? 거기에는 음식 자체의 성질과, 음식 고유의 맛을 느끼게 하는 미세한 미각을 넘어서, 음식을 맛있게 먹을 수 있는 종합적인 상황에 대한 인식도 포함해야 할 것 같습니다.

나에게 '맛있는 음식'의 판단 기준은 내 몸(혀)의 미각 세포를 자극하는 음식물과 더불어 내 마음의 미각 인식을 좋게 만들어 주는 식탁이 아닐까 합니다. 어라? 그렇다면 음식의 이데아는 원래부터 주어진 것이라기보다는, 우리가 함께 만들어 가야 하는 어떤 것이 되지 않을까요? 그렇다면, 여러분에게 '맛있는 음식'의 이데아는 무엇인가요?

Q: 이데아가 뭔가요?

A: 플라톤은 현실 세계와 현실 너머의 이데아 세계를 구분했습니다. 현실은 끊임없이 변화하고 불완전한 세계인 반면, 이데아 세계는 영원불변하며 완전한 형태들이 존재하는 세계입니다. 이데아 세계에는 진리, 선함, 아름다움에 대한 영원불변한 관념이 존재하는데, 인간은 망각의 강 '레테(Lethe)'를 건너 현실 세계로 돌아오며 이를 잊어버렸습니다. 그러나 이데아 세계를 기억해 내려고 하기 때문에 여전히 참된 것, 선한 것, 아름다운 것을 추구하고 있습니다.

제3장

식탐은 영혼의 방해꾼!

음식의 중용을 철학하다

먹는 즐거움의 두 얼굴

우리는 맛을 느끼는 '미각 인식'을 통해 음식과 아름다운 만남을 가지게 되었습니다. 몸에 좋은 '맛있는 음식'들을 좋은 분위기의 식탁에서 맞이하는 식생활을 통해 '음식의 이데아'를 기쁘게 추구하게 된다는 생각에 이르게도 되었습니다.

그런데 우리 일상을 들여다보면, 우리에게 먹는 일은 그리 아름답고 기쁜 것만은 아닌 것 같습니다. 맛있는 음식이라도 너무 많이 먹으면 배탈이 나거나 살이 찝니다. 배고파서 먹기 시작한 맛있는 음식은 배가 불러도 계속 먹게 되는 중독성이 있습니다. 매끼 음식의 종류뿐 아니라 음식의 양과 열량에 주의해야 하는 사람에게는 먹는 게 스트레스입니다.

식단 조절을 과하게 하여 아예 음식을 거부하는 거식증 환자도 있습니다. 반면에 스트레스 해소를 위해서건, 식탐 때문이건 어떤 이유에서건 폭식을 취미 삼아 하는 사람도 있습니다. 무엇이 문제일까요?

이는 미각 인식과 맛있음의 기준 문제가 아닙니다. 음식을 먹는 인간의 행위가 긍정적인 면과 부정적인 면, 이런 양면성을 지닌다는 점에 관한 것입니다.

인간의 식욕은 음식 섭취를 유도해 생존을 유지해 준다

는 점에서 필수적인 요소이지만, 과식과 폭식은 인간의 건강에 큰 문제가 됩니다. 인간 삶에서 먹는 즐거움은 매우 큰 부분을 차지해 식생활과 식문화를 발전시키고 풍요롭게 하지요. 그러나 과도한 식탐과 음식에 대한 탐닉은 인간 삶에 독이 되기도 합니다. 아예 일상생활을 흔들어 놓을 수 있습니다.

인간의 육체와 영혼이 서로 갈등하는 관계라고 생각한 철학자들이 있었습니다. 이 철학자들에게 음식은 식욕을 일으키고 그 식욕은 불필요하게 육체의 욕구에 신경 쓰이게 만들어서 인간의 사유를 방해한다고 여겼습니다. 이들에게 식탐은 인간의 영혼이 진리를 이해하고 추구하는 것을 방해하는 영혼의 방해꾼인 것이지요.

플라톤은 『티마이오스』라는 대화편에서, 식탐은 인간을 짐승과 다를 바 없는 존재로 만든다고 했습니다. 나아가 폭식은 지혜를 사랑하고 철학하는 삶, 문화를 추구하는 삶에서 멀어지게 한다고 보았습니다.

조물주는 인간이 풍미 때문에 필요한 양보다 더 많이 먹고 마시며 무절제하게 될 수 있다는 것을 알았다. 그래서 조물주는 남아도는 고기와 술을 저장할 하복부를 만들었다. 그것은 병이 인간을 빨리 파멸시키지 못하고, 수명을 다 채우고 죽게 하려는 장치였다. 그리고 창자에 구불구불한 주름을 만들어서 음식이 빨리 지나가지 못하게 만들었는데, 결국 인간이 더 많은 음식을 요구하게 되는 결과를 초래했다. 그 결과 모든 종족은 끝없이 폭식을 하고, 철학과 문화를 적대시하며, 우리 안에 있는 가장 신성한 것에 대해서 저항하게 되었다.

- 플라톤 『티마이오스』 72e~73a

플라톤은 창자의 역할을 소화 기능보다, 인간의 게걸스러운 식탐 때문에 들어온 불필요한 음식 저장소로 여기고 있네요. 여하튼 플라톤은 식탐과 폭식이 결국 인간의 영혼을 고양하지 못하고 인류 안에 나쁜 식습관으로 대물림되었다고 지적하고 있습니다. 플라톤이 비록 기원전 사람이지만 현대에도 귀담아들을 만한 정확한 충고입니다.

무절제한 식탐이 영혼의 방해꾼이라는 점은, 우리도 일상에서 자주 경험하는 것 같습니다. 시험을 앞두고 공부 좀 하려면, 밥 먹은 지 얼마 안 되었는데 자꾸 허기가 져 냉장고로 쪼르르 달려가게 됩니다. 먹으면 졸려서 또 공부를 못 하게 됩니다. 그래서 잠을 쫓아 준다는 음료를 자꾸 마시게 되고, 그러다 보면 그 음료에 중독되어 오히려 정신 집중이 안 되기도 합니다.

'먹는 즐거움'이 과도한 식탐이 되는 때가 있습니다. 시험 끝나는 날, 친구들과 맛집을 찾아 이색적인 요리를 먹는 것으로 수고한 나에게 보상해 주려는데 그 요리가 너무 비쌉니다. 용돈을 아껴야 하기에 가지 않기로 했는데, 먹지 못한다고 생각하니 그 요리가 자꾸 눈앞에 어른거려 수업에 방해가 됩니다. 정말 식탐은 내 영혼의 방해꾼이네요.

식탐을 다스리는 방법: 행식(幸食)

그렇다면, 먹는 즐거움을 빼앗기지 않으면서 지나친 식탐에 빠지지 않게 절제하는 방법은 무엇일까요? 우리의 왕성한 식욕을 충분히 만족시키면서 공부도 정신 집중해서 잘하는 방향에서 말이지요.

매끼 식사량을 스스로 '적절하게' 판단하기가 쉽지 않습니다. 의학적으로 식단 조절이 필요한 사람은 전문가의 조언을 받겠지만, 그렇지 않은 사람은 맛있는 음식을 '적당히' 먹는 방법을 어디서 어떻게 배울 수 있을까요?

인터넷상에 떠도는 정보의 홍수 속에서 나만의 식탐을 다스리는 방법을 찾기란 여간 어려운 일이 아닙니다. 매끼 다양한 음식들 속에서 나에게 적절한 식사량을 규칙적으로 파악해 내기는 더욱 힘들지요. 이는 영양학이나 의학적으로는 어려운 일이지만, 철학적으로 생각해 보면 오히려 방법이 나오지 않을까 싶습니다.

나는 그 방법을 아리스토텔레스(Aristotle, 기원전 384~322)의 '중용'과 '행복' 개념을 적용하여 '행식(幸食)'이라고 명명해 봅니다. 행식이란 행복한 식사라는 뜻입니다. 여기서 '식사'란 한 끼 식사에 포함된 양을 뜻합니다. 그러니까 우리 식탐을 다스리는 방법은 과식과 폭식이 아닌, '행복한 한 끼의 적절한 식사'라는 의미에서 행식이어야 한다는 뜻입니다. 즉 행식이란 나 스스로 먹을 음식을 선택하고 식사량을 조절하여 나를 '행복'하게 만드는 식사입니다.

여기서 나는 행식의 두 가지 방향을 제시해 보고자 합니다. 먼저, '행식'은 적절성에 관한 판단에서 이뤄집니다. 우리에게는 먹는 행위뿐 아니라 모든 삶의 영역에서 '중용(中庸)'이 필요합니다. 중용이란 너무 모자라지도 않고, 또한 너무 지나치지도 않게 적정선을 유지해야 도덕적으로 올바른 행동이 된다는 뜻입니다. 비겁하지도 않고 만용이 되지도 않는 적정선을 지킬 때 용기가 되듯이 말입니다.

아리스토텔레스는 『니코마코스 윤리학』에서 바로 이 중용의 덕을 주장합니다. 그는 다음과 같이 말합니다.

윤리적인 탁월성, 즉 덕이란 중용이다. 중용이란 과도함에 치우친 것과 부족함에 치우친 것, 두 악덕 사이의 중간이라는 말이다. 중용은 감정과 행위에서 중간의 것을 목표로 삼는다. 무슨 일에 있어서나 그 중간을 찾기란 쉽지 않기에, 선한 사람이 된다는 것은 쉬운 일이 아니다.

- 아리스토텔레스 『니코마코스 윤리학』 제2권

우리가 먹는 행위를 할 때도 다른 윤리적인 행동을 할 때와 마찬가지로 여러 번 생각하면서 그 적정선을 유지하는 것이 행식입니다. 행식은 또 아무 생각 없이 그저 '식욕이 이끄는 대로' 입속에 음식을 집어넣지 않는 것이기도 하지요. 매우 귀찮겠지만 '이 음식이 내 몸에 좋을까?' '맛있다고 다 먹어도 될까?' '오늘 하루 먹은(혹은 먹을) 양과 비교할 때 너무 많지 않을까?' 등을 생각하는 것이 행식의 방법입니다.

'생각하지 않고 먹은 한 끼 식사'는 결코 행복을 가져다줄 수 없습니다. 순간의 감정에 이끌려 생각 없이 내뱉은 말이나 무심코 한 행동이 상대방에게는 상처가, 자신에게는 후회가 되는 것처럼 말이지요.

당연한 이야기 같지만, 먹는 행위 자체가 윤리적 차원에서 중용의 덕을 세우는 훈련입니다. 따라서 '행식'은 우리가 맛있는 음식을 식탐으로부터 지켜 내어 중용의 윤리적 가치를 구현해 내는 고귀한 행위입니다.

다음으로, '행식'은 인간에게 행복의 의미를 고양하는 식생활이 됩니다. 앞에서 식탐을 절제하여 적절한 식사를 하는 것도 윤리적인 중용의 덕을 이루는 행위라고 말했지요. 그럼 이것은 먹는 즐거움을 억제하는 금욕적인 삶이지 '행복'은 아니지 않냐고 누군가는 반박할 수도 있을 겁니다.

행복이란 무엇일까요? 편안하고 안락한 상태, 아무 고통도 없는 즐거운 감정을 행복이라 말할 수 있지만, 우리 인간에게 행복은 과연 그런 상태와 감정만을 의미할까요?

사람들은 불편하고 고통스러운 상황에서도 행복하다고 말합니다. 기쁘고 즐거운 감정이 가득하지 않은 때도 행복하다고 말합니다. 내 상황이 다른 사람들에게 더 큰 유익을 줄 때 행복하다고 말합니다. 슬프고 어려운 때이지만 위로받고 있어서 행복하다고 말합니다. 인간은 왜 이렇게 아이러니하게 행복을 느끼는 걸까요?

아마도 여기서 아리스토텔레스의 행복(에우다이모니아, eudaimonia) 개념과 비슷한 생각이 적용될 수 있겠습니다. 아리스토텔레스는 플라톤과 다르게 인간의 쾌락과 감정을 매우 긍정적으로 생각했습니다. 그것은 잠재된 가능성을 현실적으로 구현해 내는 힘이 되기 때문입니다. 다만 그런 변화는 감정이 중용의 덕으로 승화될 때 제대로 이뤄집니다.

고대 그리스 올림픽의 남자 레슬링 종목에서 여섯 차례 우승한 밀로(Milo)라는 선수가 있었습니다. 밀로는 보통 사람보다 훨씬 더 왕성한 식욕을 가지고 많은 양의 음식을 먹었는데, 아리스토텔레스는 바로 그 점이 중용의 덕을 이루어 경기에서 승리를 가져다주었다고 보았습니다.

아리스토텔레스에게 행복은 단순히 자기 만족적인 즐거운 감정이 아니었습니다. 주어진 목표를 충분하게 이룰 때, 자신이 가진 역량을 최대한 발휘하여 역할을 잘 수행하고 있을 때, 인간은 진정 행복하다고 생각했습니다.

아리스토텔레스가 볼 때 인간의 행복은 하루아침에 얻어지는 게 아닙니다. 그에게 행복은, 삶의 매 순간 목적에 맞는 가장 최선의 선택을 하는 지혜를 통해, 반복되는 지성의 훈련과 습관화를 통해 이루어지는 것입니다.

이 행복의 의미를 행식에 적용해 봅시다. 우리가 먹는 행위의 목적을 우리 삶의 목표와 연관 지어서 잘 생각해 보는 겁니다. 나는 오늘 이 한 끼를 왜 먹는가? 단순히 허기를 채우

려고? 혹은 맛 자체를 음미하기 위해? 아니면 동석한 사람과 대화를 나누려고?

　다양한 상황과 목적에 따라서, 앞서 언급한 중용의 가치를 실현하는 식사 내용과 양은 유연하게 변화될 수 있고, 그래야 더 높은 수준의 행복에 다가서는 식사가 될 것입니다. 행식은 단순히 건강한 신체를 위한 식단을 의미하는 게 아닙니다. 행식은 내 삶의 궁극적인 목적들을 점검하면서 "왜 사는가?"와 "왜 먹는가?"를 연결하는 '실천적 지혜'를 훈련해 나가는 출발점이 됩니다.

아리스토텔레스는 이런 실천적 지혜를 '프로네시스 (phronesis)'라 칭했습니다. 여러분도 행식을 통해 나의 삶 자체를 되돌아봄으로써 프로네시스를 얻는 기회에 도전해 보십시오. 행식에 담긴 철학하기, 한번 해 볼 만하겠지요?

Q: 아리스토텔레스의 행복론과 중용을 다시 정리해 주세요.

A: 아리스토텔레스는 인간 삶의 궁극적인 목표를 '행복'이라고 보았습니다. 인간은 어떤 '좋음'을 추구하며, 모든 좋음의 궁극적인 목표를 행복이라고 한 것입니다. 아리스토텔레스는 행복을 '에우다이모니아'라고 불렀는데 이는 인간 본성에 내재된 가능성을 현실적으로 구현해 내는 힘을 뜻합니다. 그리고 이런 행복은 덕에 따라 영혼이 활동할 때 달성된다고 보았습니다.

아리스토텔레스는 상황에 맞는 균형 있는 선택을 중시했는데 이를 중용이라고 합니다. 중용은 지혜와 용기, 절제 같은 덕을 실천하는 것을 포함합니다. 단순히 중간값이 아니라 과도함과 부족함의 두 악덕 사이에 존재하는 덕이 중용입니다. 예를 들어 절제는 상황에 맞게 욕망을 적절히 조절하는 것입니다. 음식의 경우 지나치게 식탐에 휩쓸리는 것도 아니고, 식욕을 완전히 부인하는 것도 아닌 행복한 식사가 중용의 의미에서 절제에 해당합니다.

제4장

나만의 '멋있는' 식사

식사에서 나다움을 찾다

음식의 외모지상주의?

"너~무 예쁘다! 이걸 어떻게 먹겠어? 이대로 보기만 해도 멋진걸!"

요즘 뜬다는 제과점에서 특별 맞춤 생일 케이크를 보고 친구가 감탄하며 한 말입니다. 내가 어릴 때는 하얀 생크림 케이크면 최고였는데, 최근 들어 디저트 전문가게가 늘어나고 너무나 예쁘고 귀여운 과자와 빵들이 넘쳐납니다. 발음하기에도 생소한 이름의 온갖 디저트 메뉴들이 우리의 미각을 자극하기에 앞서 시선부터 사로잡습니다.

사실 디저트는 생존을 위한 음식이 아닌데도, 풍요해진 우리 식생활 문화에 어느새 필수 코스가 되었습니다. 매콤한 떡볶이나 비빔국수를 먹고 나서는 달콤한 디저트를 꼭 먹어 줘야 하지요. 디저트 배는 따로 있다지요? 배가 부른데도 먹게 되는 디저트는 건강하고 '맛있는 음식'이라기보다는 시각적 효과로 우리의 식탐을 자극하는 '멋있는 음식'에 속하지 않을까요?

물론, 음식은 시각과 후각과 미각이 종합적으로 어우러질 때 더욱 맛있게 느껴진다고 합니다. 하지만 음식 중에는 식자

재의 고유한 성질을 살리는 맛보다는 '어떻게 맛있게 보일까?'
에 더 신경을 써서 만들어지는 음식들이 있습니다.

평범한 그릇에 대충 덜어 담아 내는 음식 말고, 고급 음식
점의 값비싼 요리를 생각해 봅시다. 그런 요리는 음식 위에
독특한 장식을 하고 색과 모양을 맞춘 그릇에 담아 내놓는
것이 기본입니다. 음식의 맛을 더 잘 드러내려는 노력이죠.

미식의 나라 프랑스의 유서 깊은 요리 사전인『그랑 라루
스 요리백과』는 '데코레이션'이라는 용어를 이렇게 정의합니
다. "요리의 플레이팅이나 외관을 더욱 아름답고 완벽하게 만

들기 위해 진행하는 모든 작업을 통칭함."

음식 데코레이션의 중요성은 아름다운 음식과 멋있는 식탁을 구성해 내는 전문 직종을 탄생시켰습니다. 푸드 스타일리스트, 푸드 코디네이터, 테이블 아티스트, 테이블 데코레이터 등이 그 대표적인 사례로, 이 직종엔 음식의 장식과 요리들의 배열에 대한 미적 감각이 필수입니다.

우리에게 음식은 맛과 영양을 넘어, 미적 욕구를 만족시켜 주는 대상이기도 합니다. 인간은 여러 가지 다양한 소재를 가지고 아름다움을 추구하는데, 그중 음식도 들어갑니다. 보기 좋고 멋지고 아름다운 음식을 보면, 먹지 않아도 그 훌륭한 미적인 조화에 감탄하며 즐거울 수 있다는 뜻입니다. 외관이 너무 멋진 요리를 보면 그 모양을 흐트러뜨리기가 아까워서 어쩔 줄 모르기도 합니다.

투박한 그릇에 담긴 시골 할머니 집 음식도 충분히 맛이 있지만, 그래도 요즘 우리는 식욕을 돋우고 미적 즐거움을 주는 '음식 데코레이션'을 시도해 봅니다. 평범한 음식과 일상의 식탁을, 특별한 때에 따라 그 차려진 목적과 의미에 맞게 꾸며 봅니다. 나름의 깊은 고민과 미적 조화를 거듭거듭 생각해 가면서요.

데코레이션에 인간의 탐욕이 드러난다?

이렇게 음식을 맛있고 멋있게 만드는 일은 우리 삶에 즐거움을 줍니다. 같은 음식이라도 이왕이면 먹음직스럽게 담고, 보기 좋은 그릇에 정성껏 차려 놓는 것이 더 적절할 것입니다. 하지만 우리 인간은 음식을 통한 미적 추구에서 중용을 잊고, 외모 꾸미기나 옷치장처럼 선을 넘을 때가 있습니다.

음식 데코레이션이 서양의 왕궁 요리에서 시작된 데는 왕가의 위엄과 부유함을 자랑하려는 의도가 있었을 겁니다. 음식을 멋있게 꾸미는 의도가 음식 자체와는 상관없이, 인간의 탐욕을 드러내는 데 있을 수 있다는 뜻입니다.

여러분은 혹시 부담스러운 생일파티에 초대받은 적이 있었는지요? 친구의 태어남을 기쁘게 축하해 주는 날, 호텔 뷔페처럼 차려진 화려한 음식들에 비해 내가 준비한 선물은 너무 초라해 보이고, 음식들은 고급스러운 은그릇에 멋지게 담겨 있지만 먹고 싶은 것은 별로 없는 경험 말입니다.

나는 가끔 결혼식에서 그런 경험을 합니다. 화려하게 꾸며진 식탁 위에 먹다 남은 음식들로 가득 찬 접시들이 널브러져 있습니다. 이를 보면서 결혼 축하의 본래 목적과는 다르게, 부풀려지고 있는 우리 사회의 겉치레가 느껴져서 씁쓸해집니다. 한 끼 식사에 너무나 큰 비용을 지불하게 만드는 결혼식장의 관례 때문에도 그렇지만, 천편일률적인 음식의 종류 때문에도 더욱 그렇습니다. 소박하더라도 두 사람의 특별한 의미가 담긴 음식을 러브 스토리와 함께 축하객들에게 대접한다면 더 좋지 않을까 생각하곤 합니다.

먹을 것이 귀했던 옛날과 달리, 요즘은 잔칫날 배부르게 먹기 위해 모이는 게 아니지요. 이 세상에 단 하나밖에 없는 유일무이한 사람과 영원한 사랑을 서약하는 날의 음식이라면, 두 사람만의 사랑을 독특하게 드러내는 메뉴여야 적절하지 않을까요? 요즘의 결혼 문화는 많이 달라지고 있으니, 청소년인 여러분의 미래 결혼식 음식은 분명 다르게 꾸며지리라 기대해 봅니다.

'멋있는 음식'이라고 해서 유행에 따라 무조건 화려하게 꾸며야 하는 건 아니겠지요. 우리의 옷차림도 유행을 따르기보다는 개성을 살려서 자신에게 어울리는 옷을 입는 게 좋은 것처럼요. 그러고 보니, 음식에도 '나다움'을 찾는 것이 중요할 것 같습니다. 나만의 요리법을 개발해 내듯이, 음식 데코레이션에도 그 식탁의 의미를 개성 있게 표현하는 것이 진짜 아름다움일 것입니다.

덴마크의 철학자, 쇠렌 키르케고르(Søren Kierkegaard, 1813~1855)가

떠오릅니다. 그는 저서 『이것이냐 저것이냐』 머리말에서 이렇게 선언했습니다. "인생의 궁극적인 진리란, 오직 인간 각자가 주체의 모든 정열을 쏟고 모든 인격을 기울일 때, 다시 말해 자신의 생명을 걸고 믿을 때 비로소 획득되는 것이다."

여기엔 인간 내면의 자아와 상관없이 수립되는 보편타당한 진리는 오히려 인간을 소외시키고 있음을 고발하려는 의도가 담겨 있습니다. 이렇듯 키르케고르는 껍데기의 자아가 추구하는 비인격적이고 추상적인 진리를 거부했습니다. 나아가 진정한 자기 자신이 진솔한 고민 끝에 결단하고 선택하는 '주체성으로서의 진리'를 이야기했습니다.

이 사상은 100년 후 철학의 한 분야 '실존철학'으로 탄생하면서 키르케고르는 실존주의 철학의 창시자로 불리게 됩니다. 그에게 아름다운 삶은 '참된 자아 찾기, 진짜 나 찾기'의 과정이 필수였습니다. 그렇다면 우리의 멋있는 음식은 어떤 과정을 통해 만들어져야 할까요?

키르케고르 철학에서 말하는 진정한 인간이란, 인생의 다양한 국면들 속에서 그 누구에게도 휘둘리지 않고 자기의 진솔한 선택으로 주체적인 삶을 살아 내는 존재입니다. 우리의 '음식 꾸미기'에도 이런 철학이 필요하지 않을까요?

나만의 관점에서 식탁의 의미를 드러내는 미적 감각들과,

이 세상에 둘도 없는 유일하고 독특한 그 식탁만의 개성을 살려야 합니다. 그때 비로소 특별한 날의 아름답고 멋있는 식사, 나아가 감동적이고 행복한 식사가 될 겁니다.

에피쿠로스

'맛있고 멋있는' 쾌락주의 식탁

1부 '나의 식생활 탐구'를 마무리하면서 고대 서양의 한 철학자의 식탁을 소개하려고 합니다. 쾌락주의자로 알려진 에피쿠로스(Epicurus, 기원전 341~271)인데요. 에피쿠로스의 가르침에 기초한 철학을 일컫는 에피쿠로스주의(Epicureanism)는 쾌락주의, 향락주의를 뜻합니다. 나아가 식도락(食道樂), 즉 미식주의를 뜻하는 용어로 사용되기도 합니다.

그렇다면, 에피쿠로스의 식탁은 대단히 화려했을까요? 매우 다양하고 진귀한 식자재로 만들어진 요리로 식탁이 가득했을까요?

아이러니하게도 에피쿠로스의 식탁은 결코 그런 식도락을 즐기는 향락적인 식단이 아니었습니다. 철학의 역사를 집필하는 학자들에 따르면, 에피쿠로스를 무절제한 쾌락주의자로 생각하는 것은 큰 오해입니다. 그의 철학을 제대로 이해하지 못한 후대 사람들 때문에 에피쿠로스에 대한 가짜 뉴스가 증폭된 셈이지요.

에게해의 사모스섬에서 태어난 에피쿠로스는 소크라테스 이전 자연철학자 데모크리토스(Democritus, 기원전 460~380년 무렵)의 원자론에 영향을 받아 모든 만물의 생성 기원을 원자로 파악했습니다. 그래서 그는 인간 개개인이 느끼는 고통과 쾌락 같은 감각에 기초해서 도덕의 원리를 주장했습니다. 철학은 마음의 고통을 치유하는 '영혼의 의학'이라 보고, 행복의 원천인 '쾌락(헤도네, hedone)'을 추구하는 것이 인간에게 자연스러운 일이라고 생각했습니다.

하지만 데모크리토스는 육체적인 쾌락은 결코 인간에게 만족을 가져다주지 않고, 과하게 추구하면 오히려 고통을 가져온다는 사실을 알았습니다. 따라서 참된 쾌락은 불필요한 욕망을 극복하여 정신적인 평온과 안정을 유지하는 상태임을 설파했습니다. 그런 영혼의 평정 상태를 '아타락시아(ataraxia)'라고 하면서요.

이처럼 참된 쾌락을 추구하는 에피쿠로스의 식사는 식탐을 부추기지 않으면서 생존에 꼭 필수적인 것만 섭취하는 아주 간소한 음식이었다고 합니다. 에피쿠로스는 하루 식사를 장만하는 데 돈을 거의 쓰지 않았고, 포도주는 한 컵으로 만족하면서, 대부분은 물만 마시는 생활을 즐겼다고 합니다.

검소하다 못해 너무 빈약해 보이지 않나요? 그러나 에피쿠로스는 더 크고 지속적인 기쁨을 위해 육체의 고통을 가져올 후회스러운 식탐을 이겨 넘음으로써 더 평온한 평정심을 유지하는 '궁극적인 쾌락'을 추구한 진정한 쾌락주의자였습니다.

여기에 더해 에피쿠로스의 아타락시아를 향한 '맛있는' 식사는 우정(필리아, philia) 공동체를 지향하는 '멋있는' 식탁이었다고 합니다. 사실 에피쿠로스는 아테네의 자기 집 정원에 그를 추앙하는 사람들을 모아 그의 사상을 가르치는 학원을 운영했습니다. 그래서 에피쿠로스의 사람들을, 정원(庭園)을 뜻하는 케포스(kepos) 학파라고 불렀는데 이들은 생활공동체를 이루고 살았다고 합니다. 이

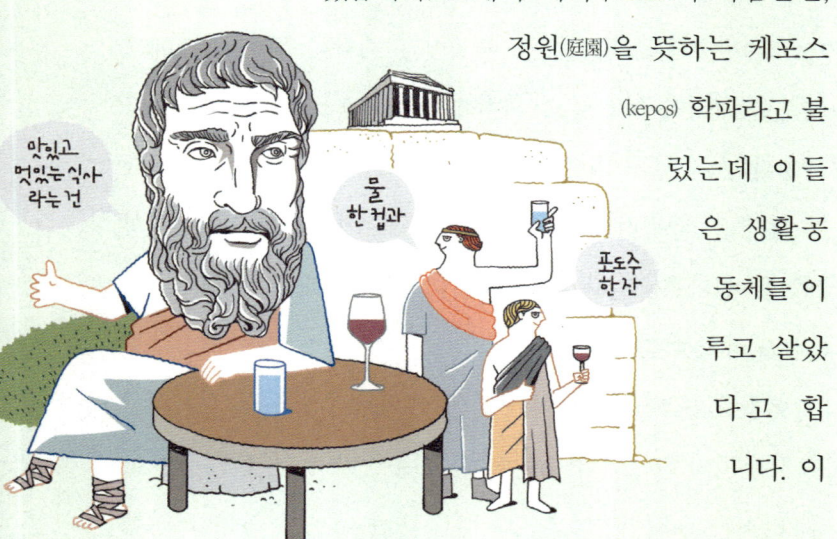

공동체에는 당시 사회에서 소외되었던 여성과 노예도 있었다고 합니다.

낮은 계급 사람들이 한데 어울려서 먹고 마시며 개인적 고통에서 해방되는 즐거운 공동체라니, 향락을 추구하는 공동체로 곡해할 만했습니다. 게다가 에피쿠로스는 당시 아테네의 폴리스 사회가 이상적인 목적과 이성 중심의 질서를 추구했지만, 이런 질서가 오히려 인간의 자연스러운 쾌락 추구를 억압한다고 비판했거든요. 이 비판의 바탕에는, 진정으로 건강한 시민사회는 타인에게 고통을 주지 않는 사회라는 뜻이 있습니다.

에피쿠로스 집의 정원 생활공동체는 사람들이 오해하듯이 방탕한 향락을 즐기는 무리가 아니었습니다. 오히려 정신으로 욕망을 절제하면서 몸과 마음의 고통을 극복해 나가는, 유쾌한 사귐이 있는 공동체였습니다. 그런 우정을 쌓아 가는 에피쿠로스 사람들의 식탁이야말로, 진정 행복하고 멋있는 식탁이었겠지요?

PART TWO

음식은 문화다
▶ 음식과 문화 공동체 탐구

제5장

한국인은 밥의 힘으로 산다?

음식의 형이상학 탐구

할머니의 아침 밥상 철학

아침에 토스트 한 조각 빨리 먹고 집을 나서려는데, 할머니는 어떻게든 밥을 먹이려고 하신다. "한국인은 밥심으로 산다."면서 말이다. 밥 먹으면 졸리고 배가 더부룩해서 싫은데, 왜 할머니는 매일 아침 한 숟가락이라도 밥과 국을 먹으라고 강요하실까? 고등학생인 나는 이해하기 어렵다.

더욱 이해할 수 없는 건, '밥의 힘'이라는 밥심, 그것도 '한국인'의 밥심이라니……. 그럼 내가 서양인이면 빵만 먹어도 되지만, 한국인이라서 밥을 먹어야 힘이 난다는 뜻인데 도무지 말이 안 되는 것 같다. 왜 한국인은 하루를 '활기차게' 시작하기 위해 꼭 밥과 국을 먹어야 한다는 걸까? 모든 '한국인'의 체질에는 빵보다 밥이 맞는다는 뜻일까? 서양인이든 한국인이든, 밀가루가 몸에 안 맞는 사람이 있는 것 아닌가?

우리 할머니뿐 아니라 아침에 밥을 먹어야 한다는 '어른'이 많다. 단순히 개인의 건강이나 입맛의 문제가 아니라, '한국인'의 특성을 강조하면서 말이다. 우리 식탁이 서구화되면서 한국인만의 고유한 음식 문화가 사라질까 봐 걱정하는 것일 수도 있다. 하지만 밥보다 빵을 좋아한다고 해서 한국인의 정체성을 잃는 걸까? 한국 고유의 음식인 김치, 고추장, 된장 같은 것이라면 모를까, 왜 아시아의 다른 나라에서도 주식으로 먹는 쌀밥인데, '밥의 힘'이라 하면서 유독 한국인과 연관 짓는 것일까?

아침에 밥을 먹어야 한다는 이들은 정말로 "한국인은 밥을 먹어야 힘이 난다."고 믿는 것 같다. 이 믿음은 어디서 오는 걸까? 영양학상으로 증명된 지식을 확인해 보고 말하는 것 같지도 않은데 말이다. 게다가 그 '힘'이라는 의미가 농경시대 논일, 밭일에 필요한

육체노동을 의미하는 것도 더는 아닐 텐데 말이다. 어떤 힘을 말하는 걸까? 하루를 시작하는 기분이 좋아진다는 의미일까?

나는 이 학생의 고민을 매우 잘 이해할 수 있습니다. 내가 바로 그랬으니까요. 나는 지금도 아침에 밥과 국을 잘 먹지 않습니다. 아침에 밥을 먹으면 졸리고 오히려 기분이 안 좋았기에, 한국인은 밥심으로 산다면서 아침밥을 강요하는 '어른들'이 나 또한 이해되지 않았습니다.

아침밥은 건강에 좋다고들 합니다. 영양상 잡곡밥은 탄수화물뿐 아니라 단백질과 무기질도 있어서 균형 잡힌 식단으로 좋고, 서양식 아침 식단보다는 지방이 적어서 다이어트에도 좋다고 하지요. 또 밥을 씹는 저작(咀嚼) 행위는 아침에 두뇌를 활성화하는 데도 도움이 된다고 합니다. 예로부터 우리 선조들이 믿어 온 것들이 현대 과학을 통해 진정 좋고 옳은 것으로 증명되곤 하는데, 아침밥 습관도 그중 하나인 것 같습니다.

하지만 할머니의 아침밥 챙기기에 시달리고 있는 고등학생의 물음들은 조금 더 깊이 있게 '한국인의 밥심'에 관해 생각하게 하네요. 맞습니다. 이 할머니를 비롯해 많은 어른이 영양학적 근거로만 '아침밥 먹기'를 권하는 것 같지는 않습니다. 한국인이라면 그래야 한다는 말에는, 다음 세대들도 '한국인'의 이름으로 이전 세대들의 전통을 계속 지켜 주었으면 하는 바람이 담긴 것 같습니다.

할머니의 아침밥 챙기기는 단순히 "쌀을 먹어라."가 아닙니다. 한국인들의 전통 밥상을 지켜 주었으면 하는 마음도 포함된 것 같습니다. 그게 '밥과 국'으로 대표되어 할머니가 그리 말씀하셨을 것입니다.

나는 그 의미를 꽤 나중에 깨달았습니다. 아침에 간단하게라도 한식으로 아침 식단을 마련하려면 시간과 노력이라는 '정성'과 '사랑'이 필요합니다. 하루를 시작하는 식구들에게 정성껏 따뜻한 밥과 국을 만들어 먹고 나가게 하는 수고로움 뒤에는 식구들의 하루를 응원하는 사랑이 있습니다.

한국인의 아침 밥상은 그런 사랑의 힘을 받고 하루를 출발하라는 의미가 담긴 게 아닐까요? 그걸 모르고 식탁 앞에서 짜증 내고 투정 부리면서, 심지어 화를 내고 집을 나왔던 수많은 아침이 부끄러운 기억으로 떠오릅니다.

문제는 '밥'이 아니라 '함께'였다

아침을 한식으로 먹는 집들은 각자 대충 먹고 각자 뿔뿔이 흩어지는 그림과는 거리가 멉니다. 온 가족이 일찍 일어나 부지런히 각자의 아침 일정을 마치고, 아침 식사 시간에 맞추어 음식이 식기 전에 모두 둘러앉아 도란도란 이야기를 나누면서 아침밥을 먹는 전통적인 장면이 그려집니다.

현대 핵가족 사회에서는 결코 흔한 광경은 아니지만, '한국인의 밥심'의 의미에는 식사를 함께하는 친밀한 공동체의 의미가 있다고 여겨집니다. 하루를 시작하면서 각자의 일터와 학교로 가는 개개인을 응원하는 가족 공동체의 존재를, 한 상에 둘러앉아 함께 먹는 그 시간을 통해 확인하는 것입니다.

밖에서 무슨 일을 만나도 기죽지 말고 힘내라, 우리는 너를 믿는다, 잘할 수 있다, 못해도 걱정하지 마라, 우리가 있다 등등 무언의 응원가를 아침 밥상에서 불러 주는 것입니다. 밥과 국을 함께 먹는 그 시간 속에서, 가족의 응원이라는 힘을 매일 아침 받는 것입니다. 물론 그 힘은 때론 가족에 대한 부담 혹은 책임감으로 작용하기도 했을 겁니다.

개인의 사생활이 중요시되는 요즘, 아무리 가족이라도 아침밥 함께 먹기를 강요할 수는 없겠지요. 그러나 한국인에게는 가족 공동체가 주는 보이지 않는 힘이 큰 자산이었음에는 틀림없는 것 같습니다. 그리고 '식구(食口)'가 한솥밥 먹는 사람들을 의미하듯, 한국인에게 밥심은 자신에게 힘을 주는 공동체와 함께 '밥을 먹는 일상'을 반드시 포함할 것입니다.

나의 어린 시절, 할머니와 부모님, 그리고 네 명의 형제들이 학교 가기 전 한 상에서 아침을 먹었던 때가 어렴풋이 떠오릅니다. 그때는 그 의미를 몰랐지만, 지금 내가 가진 당당함의 한 축은 바로 어릴 적 대가족의 아침 식사에서 받았던 그 힘에 뿌리를 내리고 있는지도 모르겠습니다. 앞의 고등학생도 세월이 한참 흐른 후에는 이 말에 수긍하게 될 겁니다.

꼭 가족이 아니더라도, '한국인의 밥심'에는 함께 밥을 먹는 친밀한 사람들로부터 받는 무조건적인 인정과 지지와 사랑의 의미가 있습니다. 혼밥의 편리함에 익숙해진 도시의 현대인에겐 낯선 소리 같겠지만, 한국인의 밥상에는 인간에게 꼭 필요한 정신적 에너지가 있다고 봅니다.

"밥 한번 먹자."는 그냥 언제 한번 같이 식사하자는 것 이상의 인사말입니다. "너와 식사하는 만남을 가지고 싶다." "너를 응원해 주고 싶다." "나도 너의 지지를 받고 싶다." "우리 그런 만남을 조만간 꼭 시간을 내서 갖도록 하자."의 의미가 되기 때문입니다.

서로 바빠서 자주 만나지 못했더라도, 오랜만에 우연히 만나게 된 친구가 반갑게 인사하면서 우리 밥 한번 먹자고 하면 그 말만으로도 위로가 됩니다. 특히 내가 힘들 때라면 더욱 그렇습니다. 나를 지지하고 응원해 주는 누군가가 있음을 확인하게 되니까요.

참으로 신기하지 않나요? 삶의 에너지와 세상을 살아 낼 힘을, 함께 밥을 먹는 시간에 얻게 된다는 사실이요. 그 힘은 밥 한 공기의 열량, 혹은 식사 한 끼의 물리적인 열량을 훌쩍 뛰어넘는 것입니다. 명절 때 집밥이 그립고, 시골 할머니 밥상이 그리운 것도 바로 이런 이유겠지요.

음식에는 묘한 힘이 있는 것 같습니다. 단순하게 허기를 채워 주는 물질 이상의 의미와, 보이지 않지만 보이는 것보다 더 중요한 형이상학적 힘이 존재하는 것 같습니다. 철학을 하는 사람들에겐, 그 보이지 않는 것을 보는 눈이 더 훈련되어 있겠지요? 음식을 맛있게 먹는 입과 함께, 그 음식이 지닌 보이지 않는 힘을 깨달아 먹을 수 있는 입 또한 활짝 열리길 소망해 봅니다.

음식으로부터 얻는 물리적인 영양분으로는 몸의 건강을 유지하는 에너지를 받습니다. 음식 속에 담긴 사랑과 정성을 포함해, 그 음식을 함께 먹는 사람들로부터 얻는 정신적인 에너지로는 마음이 건강해져서 삶을 더 풍요롭고 즐겁게 살아갈 힘을 얻게 됩니다.

그런 사람은 주변 사람들에게 더 긍정적인 에너지를 주면서 살아가게 될 것입니다. 철학을 하는 사람들은 바로 이런 힘을 식탁에서도 지혜롭게 얻는 사람들입니다.

Q: 형이상학이 뭔가요?

A: 전통적으로 철학자들은 보이는 현상과, 물리적인 세계 너머의 보이지 않는 세계를 탐구하고자 했습니다. 눈에 보이지는 않으나, 인간의 삶과 사유의 근원적인 원리가 되는 본질적인 세계를 형이상학(meta-physics, 形而上學)이라고 합니다.

그런 본원적 세계의 영원하고 불변하는 형상(形相)을 이데아(idea)라 하고, 이데아를 통찰할 때 이 세계의 다양하고 변화무쌍한 현상들을 제대로 해석해 낼 수 있다고 형이상학자들은 생각했습니다. 형이상학을 통해 보이는 것 너머 보이지 않는 것을 보게 되는 지혜 또한 생긴다고 보았습니다.

제6장

내 영혼을 소생시키는 맛?

소울푸드의 철학적 탐구

떡볶이 한 접시의 철학

"오, 나의 소울푸드, 떡볶이!!"

기말고사가 끝나는 날, 학교 앞 분식집에는 아직 점심시간도 안 됐는데 학생들로 붐빈다. 김밥, 라면, 어묵, 떡볶이, 튀김을 골고루 시켜 놓고, 마치 며칠 굶은 사람들처럼 말도 하지 않고 허겁지겁 먹는다.

빨갛고 걸쭉한 국물 떡볶이가 나온 순간, 내 단짝 친구는 탄성을 지르며 자기의 '소울푸드'라고 소리친다. 나는 그렇게 매운 것을 잘 못 먹어서 튀김이 나올 때를 기다렸다. 떡볶이 국물에 튀김을 찍어 먹을 생각이었다.

그때 나는 친구에게 물어본다. "어떻게 이 매운 떡볶이가 너의 영혼까지 행복하게 할 수 있니?" 그러자 친구는 웃으며 "어린이는 이해 못 하는 맛이지." 하며 마치 자기가 벌써 어른이라도 된 것처럼 떡볶이 예찬론을 늘어놓는다.

매콤하고 쫄깃쫄깃한 이걸 먹으면 머리 꼭대기부터 찌릿찌릿, 시원한 물줄기가 샤워하듯이 좌르륵 내리는 것 같아서 그동안 시험 때문에 받아 온 스트레스가 싹~ 날아간다고.

나는 도무지 이해할 수 없는 말이다. 매운맛이 주는 자극적인 느낌은 일종의 통증인데 그게 무슨 정화 효과를 준다는 것인지……. 영혼이 있다는 걸 믿지도 않는 친구가 이럴 때만 소울 운운 하니 웃긴다.

여러분에게도 소울푸드*가 있는지요? 그저 좋아하는 음식 정도가 아니라 내 마음과 영혼까지 즐거워지는, 그래서 가끔 먹어 주어야 살 것 같은 그런 음식 말입니다.

외국에서 한국 음식을 쉽게 먹을 수 없었던 시절, 한국에 잠시 귀국한 숙모님이 공항에 도착하자마자 동치미 한 그릇을 음료수 마시듯 들이키셨습니다. 숙모님께 동치미는 지금 우리가 말하는 '소울푸드'였지요. 숙모님이 한국에 오시자마자 찾을 것을 알고 며칠 전에 동치미를 담가 놓으신 어머니, 그리고 그 찡한 동치미 한 사발을 기분 좋게 마시면서 연신, "이 맛이야. 그래 이 맛이지~!" 하시던 숙모님의 환한 얼굴.

숙모님과 어머니에게 동치미는 이젠 갈 수 없는 고향 땅으로 데려다주는 타임머신 같은 것이었습니다. 추운 겨울밤 땅속에 묻어 둔 김장 독에서 얼음덩어리 채로 가지고 들어와 삶은 국수에 부어 드시던 동치미. 그 맛을 기억하신 숙모님께 그 동치미 한 사발은 타지 생활의 고단함을 잠시 잊게 해 주는 소울푸드였습니다.

어떻게 무와 물 그리고 소금이 전부인 동치미가 어머니와

● 소울푸드(soul food): 미국의 흑인 노예들이 고향을 그리워하며 먹었던 음식에서 유래된 말. 흑인들이 주로 먹는 음식이라는 뜻도 있지만, 한국 사회에서는 나에게 위로가 되고 기쁨을 주는 '내 영혼의 음식'이라는 뜻으로 사용되고 있다.

숙모님을 한순간에 휴전선 너머의 고향 집으로 순간 이동시켜 줄 수 있을까요? 진정한 소울푸드는 이런 마법을 부리는 음식인 것 같습니다. 소울푸드의 마법은 음식을 먹는 분위기나 상황, 같이 먹는 사람들에게서 얻게 되는 힘과는 조금 다릅니다. 그 음식 자체가 가지고 있는 묘한 힘입니다.

어떤 음식은 먹는 사람을 위로하고 안정감과 행복을 줍니다. 이는 그 음식의 영양성분과는 상관없이 벌어지는 마법입니다. 그리고 그 마법은 같은 음식을 먹는 '모든' 사람에게가 아니라, '어떤' 사람에게만 발휘됩니다. 그러니까 소울푸드의 마법은 음식 자체에서 나오는 힘이, 그 음식을 받아들이는 사람들의 맛에 대한 기억 같은 정신적 영역과 합작할 때 비로소 발휘되는 겁니다.

참, 신기한 현상이지요? 음식은 그저 허기를 채워 주는 물질에 불과한데, 이를 통해 인간들은 영혼의 위로와 행복감까지 산출해 내니까요.

그런데 그런 마법은 문화를 공유하는 사람들에게서 동일하게 나타나기도 한답니다. 즉 특정 지역 사람들의 공통된 소울푸드가 있다는 겁니다. 한국인에겐 김치찌개와 된장찌개, 영국인에겐 피시앤칩스, 미국인에겐 닭고기 수프, 이탈리아인에겐 토마토 파스타처럼요.

아주 평범하고 일상적인 음식이 같은 문화권 사람들의 마음과 영혼을 흔들어 기쁘고 즐겁게 만드는 겁니다. 형편이 좋지 않던 어린 시절부터 늘 먹었던 음식이기에, 나중에 어른이 되어 형편이 좋아졌을 때 먹어도 동일한 기쁨과 즐거움을 느끼는 것이지요. 그런 소울푸드가 지역마다 문화마다 한두 개씩은 있는 것 같습니다.

물질과 정신의 기묘한 케미

이처럼 음식의 맛은 음식 자체에도 있지만 그 맛을 기억하는 사람들의 '맛 체험'과도 연결됩니다. 물질 차원과 정신 차원의 기묘한 결합이 빚어낸 아주 흥미로운 현상입니다. 맛, 냄새, 소리 등도 우리를 어떤 기억으로, 그 시절 그때의 상황으로 소환하지만, 특히 음식은 그 강도가 아주 강합니다. 이런 현상은 집단적으로 형성되기도 합니다. 따라서 소울푸드의 위력이 우리 일상에서 크게 발휘되는 겁니다.

공동체 안에서 어떤 음식에 부여한 공동의 기억은 매우 강한 '음식 문화'를 형성합니다. 우리 한국 문화의 경우, 생일날 미역국을, 설날에 떡국을, 추석에 송편을 먹는 것이 전통

으로 자리를 잡았습니다. 반드시 그날에는 그 음식을 먹어야 하는 규칙 아닌 규칙이 있습니다.

그 규칙이 구성원들의 의식에 자리를 잡아 확실하게 내면화될 때, 어떤 특별한 날에 정해진 음식을 먹지 않으면 매우 허전합니다. 그날의 의미를 잘 새기지 못하는 것 같아 심지어 죄책감마저 듭니다. 음식이라는 단순한 먹거리가 인간의 의식을 지배하는 도구로 탈바꿈하는 셈이지요.

공동체의 정체성을 형성하는 것, 그리고 공동체 구성원의 소속감을 좌우하는 요소가 음식에 있다는 건 참으로 흥미로운 문화 현상입니다. 생일 미역국은 한 사람의 존재를 공동체가 인정하는 의미가 있습니다. 명절 음식은 공동의 기억을 이어감으로써 공동체가 지속적으로 유지되는 데 매우 중요한 고리 역할을 합니다.

미역국을 싫어하는 사람이 있고, 명절 음식은 냄새만 맡아도 토가 나온다는 사람도 있을 수 있지요. 이처럼 예외는 있겠지만, 일단 공동체 문화로 정착된 음식들은 쉽게 바뀌지 않고 공동체의 정신적 차원에서 특별한 상징이 됩니다. 공동체의 정체성을 드러내는 상징. 이것이 음식이 지닌 매우 중요한 역할입니다.

외국에 거주하는 한국인들이 명절 때면 어떻게든 음식 재료를 구해 명절 음식을 만들어 먹곤 합니다. 그렇게 해서라도 한국인의 정체성과 한국 문화를 공유하고 다음 세대들에게 전수하려고 하는 것이지요.

'고려인 배추김치'가 그렇습니다. 이 음식은 1937년 9월 소련의 독재자 스탈린의 요청으로, 연해주에 살던 고려인들이 카자흐스탄에 강제 이주된 슬픈 역사에 등장합니다. 거기 정착해 살던 고려인들이 배추 대신 양배추나 당근으로 김치를 만들어서 고려인 배추김치가 탄생한 것입니다.

심지어 한국어를 모르는 그 후손들도 한국 음식을 먹으며 지금까지 자기 정체성을 지켜 가고 있다고 합니다. 언어보다도 오래 기억되는 맛의 힘과 그 맛을 느끼는 사람들의 결속력, 그리고 자신의 뿌리를 음식에서 찾아 자신의 존재감을 유지하는 사람들의 노력이 감동입니다.

그런데 나는 한 공동체를 상징하는 특별한 음식 문화가 영원히 변하지 않는다고는 생각하지 않습니다. 나의 소울푸드도 여러 가지 새로운 경험을 하면서 바뀔 수 있듯이, 우리 공동체를 대변하는 음식 또한 전통적으로 상징화된 음식들에서 새롭게 등장하는 음식들로 변모될 가능성이 충분히 있습니다.

김치만 해도 그렇습니다. 매운맛을 내는 '붉은 고추'가 우리나라에 들어온 것은 17세기 임진왜란 시기라고 합니다. '배추'는 13세기 중국으로부터 한약재로 들어왔고, 18세기에 이르러 지금 우리가 김치로 먹는 배추(속이 꽉 찬 결구배추)로 개량되었다고 합니다. 그러니까 200~300년 전의 우리 조상들에게 '김치'는 허연 무김치였던 것이지요. 지금과 같은 김치가 한국인의 정체성을 대표하는 음식으로 자리 잡은 지는 그리 오래지 않았습니다.

제사 음식과 명절 음식이 지역마다 집안마다 조금씩 다른 것도 그렇습니다. 제사상에 올리는 과일들이 사과와 배에서 파인애플과 오렌지로 바뀔 수 있듯이, 공동체의 정체성을 형성하는 명절 음식의 대표주자들도 바뀔 가능성은 얼마든지 있습니다. 물론 쉽게 바뀌지는 않겠지만, 그 변화라는 것이 의도적인 게 아니라 더는 전통적인 음식을 만들기 어려운 사정상 일어날 수도 있기 때문입니다.

이를테면 전 지구적인 기후변화 때문에 전통적인 음식 재료들을 구하기가 어려워질 수 있습니다. 또는 후손들이 판단할 때 전통적인 음식보다 더 맛있고 우리 공동체를 더욱 잘 상징하는 새로운 음식이 등장할 수도 있겠지요. 그 과정에서 세대 간 갈등과 논쟁이 있을 수 있지만, 조금씩 그 흐름이 바뀌어서 몇 세대 후에는 공동체를 상징하는 음식의 종류가 달라져 있을 수 있다는 뜻입니다.

우리 공동체를 상징하는 음식이 우리의 의식을 지배했다면, 우리의 공통의식이 변화를 겪을 때 그 상징적 음식도 얼마든지 다른 것으로 변모될 수 있을 겁니다. 그리고 그 변화의 주체는 바로 공동체의 상징적 음식을 사랑하고 그것에 관심을 가지고 살아가는 구성원들이겠지요.

제7장

'먹지 않음'으로
표현하고자 하는 것

음식의 상징성 꿰뚫어보기

북유럽 사람들이 문어를 안 먹는 이유?

한낱 초콜릿일 뿐인데, 그날 초콜릿을 받느냐 안 받느냐가 어떤 사람들에겐 마치 세상이 뒤바뀌는 듯한 큰 의미가 있습니다. 'OOOO 데이'는 사람들이 인위적으로 만든 것이고, 심지어는 상업적 목적으로 그런 분위기를 조성했음을 머리로는 알면서도 그렇습니다. 'OOOO 데이'에 초콜릿은, 설날에 떡국이나 추석에 송편과는 사뭇 다른 문제입니다.

명절 음식을 못 먹었다면, 가족과 떨어져서 지내야 하는 상황을 위로하는 의미로 오히려 "얼마나 바빴으면……." 하는 소리라도 듣겠지요. 하지만 초콜릿으로 사랑을 고백하고 고백받는 날에 초콜릿을 먹지 못했다는 것은, 그런 식의 사랑 고백을 기대한 사람들에겐 치명적인 아픔이 되곤 합니다.

그날만큼은 다 같은 초콜릿이 아닙니다. 거기엔 한 사람의 인격을 걸고 용감하게 자신의 마음을 표현하는 결단이 녹아 있습니다. 또 사랑의 표현을 기대한 사람에게 그날 받은 초콜릿은, 둘만의 사랑을 확증하는 것이기에 더없이 달콤한 초콜릿이 아닐 수 없겠지요.

이런 날에는 이런 것을 주고받아야 한다는 통속적인 법칙을 지지하는 건 아니지만, 어떤 특정한 먹거리가 한 개인의 주체적 결단의 표식으로 작동하게 되는 구조는 참으로 인상적입니다. 사랑하는 사람에게 자기 마음을 과감하게 표현하기위해 초콜릿을 샀던 사람은, 그 초콜릿 상표만 보아도 그때가평생 추억될 것입니다. 그 초콜릿이 상대에게 받아들여졌든아니든, 자신의 마음을 누군가에게 드러내기로 한 결단과 용기가 초콜릿과 함께 기억될 테니까요.

우리의 음식 문화에는 자기 마음을 드러내는 음식들이 더있습니다. 마음을 넘어서서 자신이 어떤 사람인지, 어떤 생각을 하고 어떤 결심을 하고 사는 사람인지를 드러내는 음식도있습니다. "나는 술을 안 마십니다." "나는 돼지고기를 안 먹

습니다." "나는 고기는 안 먹고 채소만 먹습니다." 등등. 못 먹는 게 아니라 안 먹는다는 겁니다. 다시 말해 체질에 맞지 않아서가 아니라, 의도적으로 그 음식을 피한다는 뜻이지요.

그래야 하는 이유는 뭘까요? 그 음식이 가진 사회적, 종교적 상징에 따라 다르겠지만, 먹지 않음 자체가 의미하는 윤리적이거나 종교적인 결단이 이유일 수 있습니다.

어떤 음식은 그 지역의 사회문화적 특성상 금기시 되기도 합니다. 북유럽 사람들은 문어와 오징어 종류를 먹지 않는다는군요. 이유는 오래전, 그 지역 바다에서 배를 습격하고 선원들을 바닷속으로 끌어들인다는 문어 모양의 대형 괴물, 크라켄(Kraken) 때문이라는 설이 있습니다. 당시에는 전설의 괴물 크라켄에 대한 엄청난 공포 때문에 문어 종류를 잡아먹지 않았다고 합니다. 그러나 현대에도 안 먹는 것은 그 지역 사람들에겐 문어와 오징어를 먹지 않는 것이 식습관으로 자리 잡아서일 것입니다.

이 사례는 우리가 여기서 다루고자 하는 개인의 소신이나 결단에 관한 주제와는 거리가 있습니다. 여기서는 "먹지 않습니다."라는 표현에 개인의 강한 신념과 의지를 담아낸 경우만 생각해 보고자 합니다.

가장 원초적인 무기 '단식 투쟁'

어린 시절에는 '어른이 되어야만' 먹을 수 있는 게 있습니다. 어른이 되어서는 단순히 건강상의 기준이 아니라, 자기 자신의 신념을 드러내기 위해 먹어야 할 것과 먹지 말아야 할 것을 다른 사람들 앞에서 공공연히 표명하기도 합니다.

마약처럼 법적으로 허용되지 않는 것에는 손도 대지 말아야 하는 결단도 당연히 필요하지요. 그러나 법적으로 허용되는 것 중에서도 자신의 가치관과 신념에 따라 먹지 않아야 하는 것을 스스로 결단하는 훈련이 필요합니다. 만약 그 결단이 종교적인 교리에 근거한 것이라면, 자신이 그 교리를 얼마나 신봉하느냐를 '그 음식을 먹지 않음 혹은 먹음'이라는 행위로 증명해 냅니다.

가톨릭교와 기독교에서 성만찬 예식을 할 때 빵과 포도주를 먹습니다. 이때 빵과 포도주는 십자가 처형을 당한 예수의 살과 피를 상징하는 중요한 음식이죠. 이 성만찬을 거부한다면 신자라고 할 수 없을 겁니다. 이슬람교와 유대교의 경우, 음식뿐 아니라 그 음식을 만드는 방식에도 교리가 담겨 있어서 각각 '할랄(허용되는 것)'과 '코셔(정결한 음식)'라는 인증을 받은 음식만 먹어야 합니다. 그래야 종교적 신념을 제대로 지키는 것이라고 그들은 믿습니다.

　종교 교리에 따른 음식은 그들의 생활 터전이 되어 온 자연환경과 무관하지 않다고 합니다. 예를 들면 이슬람교에서 돼지고기를 부정한 음식으로 규정해서 먹지 못하게 금하는 것은, 중동의 더운 지역에서 돼지고기는 빨리 상할 수 있고 위생상 청결을 유지하기 어려웠기 때문이라고 하지요. 하지만 음식 저장고가 발달한 현대에 와서도 그 교리에 따라 금기 음식을 철저하게 안 먹는 이유는 뭘까요?

　이유는 신자와 비신자의 경계를 나누고 그 종교적 믿음을 확고하게 표현하기 위함이겠지요. 돼지고기 삼겹살을 불판에 지글지글 구워 소주와 함께 먹는 것을 무척이나 좋아하는 한국 사람이 이슬람교로 귀의해야 하는 경우를 상상해 봅시다. 음식이 한 개인에게 얼마나 엄청난 결단력을 요구하고 있는지 가늠되나요?

　이렇게 음식은 그저 먹거리에만 머물지 않고 개인의 가치관과 신념을 드러내는 중요한 의미로 작동합니다. 분명한 것은, 그 전통이 유지될 수 있었던 데는 금기 음식들을 '먹지 않겠다'는 개개인의 결단과 행위가 이어져 온 배경이 있었기 때문입니다.

　'금기 음식'을 개인의 신념으로 지켜 나가는 행위와 더불어, '금식' 자체도 공동체를 위한 개인의 결연한 행위라고 할 수 있습니다. 물론 여기서 금식은 먹을 것이 없어서 굶는 것도, 건강상 치료 목적으로 굶는 것도 아니지요. 개인이나 공동체의 뜻을 관철하기 위해 의도적이고 자발적으로 음식을 먹지 않는 행위입니다.

여러분도 한 번쯤은 '단식 투쟁⑦'을 해 본 적이 있을 겁니다. 부모님이 여러분의 요구를 받아 주지 않을 때 "나 밥 안 먹어!"라고 소리치며 방문을 쾅 닫고 들어가 한두 끼 정도 금식해 본 적이 있는지요? 배는 너무 고팠지만, 이렇게 해서라도 내 뜻이 받아들여진다면 해 볼 만한 시위였을 것입니다.

우리는 왜 스스로 먹지 않음의 행위로 어떤 목적을 이루려고 할까요? 인류의 행동 양식 중에 참으로 재미있는 '무기'가 먹는 행위인 것 같습니다. 물론 어떤 가정에서는 자녀의 단식 투쟁 작전이 전혀 먹히지 않을 수 있지만, 조부모님이 계신 집이라면 "아이를 굶겨서야 되겠니?" 하면서 한 끼만 안 먹겠다고 선언해도 집안 분위기가 이상야릇하게 돌아갈 수 있습니다.

자녀의 단식 투쟁은 길어야 하루 이틀 만에 끝나는 가벼운 것이지만, 국가적으로 전 세계적으로 관철해야 할 중요한 사안이 있을 때, 싸울 무기가 단식밖에 없기도 합니다. 단식

하다가 위험한 지경에 이르면 상대 진영이 곤란해지기 때문에, 단식을 정치적인 수단으로 활용하기도 합니다. 간디의 비폭력 투쟁은 단식이 대표적인 방법이었고, 우리나라 민주화 투쟁 기간에도 개인 또는 특정 집단이 장기간 단식 농성을 이어 간 역사가 있습니다.

'먹지 않음'의 행위가 세상을 바꿀 힘이 된다는 것이 매우 흥미롭지요? 내 몸을 건강하게 만들려고, 겉모습을 멋지게 보이려고 굶기를 밥 먹듯 하는 행위 역시, 나름 금식을 통해 자기 세계를 바꾸는 것이겠지요. 그러나 사회의 부정의를 고발하고 정의로운 사회로 나아가도록 변화를 일으키려는 목적으로 먹지 않는 행위를 선택한다는 것은 개인이나 집단이나 결코 쉬운 일이 아닙니다.

이처럼 금식은 다른 생각을 지닌 사람들을 향한 의사 표현의 수단도 되지만, 때로는 금식하는 자기 자신을 향한 것이기도 합니다. 자기가 내린 어떤 결정을 확고히 하기 위해, 또는 특별한 의식을 앞두고 자신을 정화하는 목적으로 음식을 먹지 않는 단식을 일부러 실행하기도 합니다.

여러 종교에서 행하는 금식 기도가 그 예가 될 수 있습니다. 중요한 일 앞두고 하루 정도 금식하면서 자신을 성찰하며 준비하는 사람도 있지요. 숟가락 놓기 무섭게 배가 고픈, 먹성 좋은 청소년 여러분에게는 상상하기 어려운 일인가요?

아무튼 인간은 특정 음식을 먹지 않음으로, 그리고 아예 음식 먹기를 거부함으로, 자신의 결심과 뜻을 표현하는 아주 재미있는 존재입니다. 이런 인류의 행동 양식이 언젠가는 또 어떻게 변화할지 모르겠으나, 음식 문화에서 금기 음식과 금식 행위는 계속해서 탐구해 보아야 할 흥미로운 주제임에는 틀림없는 것 같습니다.

여러분은 앞으로 어떤 음식을 어떤 이유로 먹지 않게 될 것 같나요? 또 어른이 되었을 때, 어떤 이유로 금식하게 될 것 같나요? 음식과 관련해, 내 의지와 생각과 믿음이 어떤 모양으로 변모될지 지금부터 상상해 보아도 재미있을 것 같네요.

제8장

학교 급식은 공동 식사일까?

공동 식사를 둘러싼 철학적 탐구

급식 제도가 가져다준 평등과 자유

여러분은 유치원 때부터 학교 급식이 당연한 것이었지요? 학교에서 점심을 친구들과 함께 똑같은 메뉴로 다 같이 큰 식당에서 먹는 것 말입니다. 학교 급식이 우리나라에 전면 실시된 것은 약 20여 년 전이랍니다. 그럼, 그 이전엔 어떻게 점심을 먹었을까요?

네, 맞습니다. '도시락'입니다. 집집이 이른 아침 학교 다니는 자녀들의 도시락을 싸는 일이 필수였습니다. 이 일은 대부분은 엄마의 몫이었죠. 학생들은 정성이 듬뿍 담긴 도시락을 학교로 가져가 점심시간에 교실에서 먹었지요. 친한 친구들끼리 서로 반찬을 나눠 먹기도 하고, 배고픈 아이들은 점심시간을 기다리지 못하고 2교시 직후 먹어 치우기도 했답니다. 추울 땐 난로 위에 도시락을 포개어 올려놓고 데워지기를 기다리며 수업했답니다.

아, 학창 시절의 추억이 떠오르네요. 한파가 매섭던 그 날도 어김없이 난로 위에 도시락들이 올라와 있었습니다. 밥통뿐만 아니라 튼튼하게 잠겨진 스테인리스 반찬통도 올라와 있었는데, 수업 중에 그만 폭발 사고가 났지 뭐예요. 어떤 친구의 반찬통에서 김치가 부글부글 끓다가 공기 압력으로 팍!

소리를 내면서 반찬통 뚜껑이 교실 천장으로 솟아오른 겁니다. 그 주변은 김치 파편으로 이만저만 난리가 난 게 아니었지요.

그 꽹음 소리에 놀란 다른 반 아이들도 수업하다 말고 무슨 일인지 구경하러 우르르 우리 교실에 밀려왔습니다. 다행히 다친 사람은 아무도 없었지만, 교복에 김칫국물 튀고 한참을 청소해도 온 교실에 김치 냄새가 가득 찼었답니다.

그때 겪은 반찬통 사건은 그래도 추억거리 옛날이야기이지만, 만약 여러분이 지금도 개인별 점심 도시락을 가져와야 한다면 어떨까요? 도대체 왜 도시락이 단체 급식으로 바뀌었을까요? 개인별 도시락의 가장 큰 문제가 무엇이라고 생각하나요?

우리나라 교육부는 1990년대부터 학교 단체 급식을 실시하기 시작했습니다. 2003년에는 전국 초중고 모든 학교에 전면 급식이 시행되었습니다. 목적은 학생들에게 균형 잡힌 영양 식단으로 점심 식사를 공급하는 것이었죠. 각자 싸 오는 도시락으로는 영양학적으로 한계가 있으니까요.

각자 도시락 싸 오기의 가장 큰 문제는, 도시락 반찬의 수준으로 친구들의 가정 형편을 알게 된다는 것이었지요. 매일 김치와 나물 반찬만 들어 있는 도시락과, 언제나 고기반찬에

달걀프라이를 곁들인 도시락은 누가 봐도 차이가 있거든요.

성적으로 비교되는 것도 괴로운데, 조그만 도시락에 집안 형편까지 드러난다니, 상상만으로도 끔찍한 일이지 않나요? 잘사는 친구나 못사는 친구나 다 미안하고 부끄럽고 하는 묘한 감정에 휘말릴 수밖에 없는 일이었어요. 마음 편히 도시락을 펼쳐서 서로의 반찬을 서슴없이 나눠 먹는 분위기가 아닌 이상, 점심시간이 싫어 어디론가 숨고 싶은 친구들이 얼마나 많았겠어요?

게다가 아예 도시락을 가져오지 못하는 친구들도 있었습니다. 단순히 경제적 문제라기보다 아침에 도시락을 싸 주는 돌봄을 받지 못하는 경우일 수 있었지요. 아무튼 도시락 때문에 가정방문을 당하는 일은 확실히 불합리하고, 특히 예민한 청소년 시기에 이 비교당함은 상처로 남을 수 있습니다.

그런 측면에서 학교 급식 제도는, 점심 도시락이 드러내는 빈부격차로부터 모두가 똑같은 식사를 할 수 있는 '평등'을, 매일 아침 자녀의 도시락을 준비해야 하는 수고로부터의 '해방'을 가져왔다고 볼 수 있습니다. 이제는 학교뿐 아니라 기업에서도 단체 급식을 제공하는 경우가 많아서, 가성비 좋고 맛있는 급식 메뉴를 서로 자랑하기도 하더군요.

학교에서 점심을 단체 급식으로 먹는 게 당연한 일상이

된 여러분에게 급식은 어떤 의미인가요? 배고픔을 채워 주는 식사 이상의 별다른 의미를 생각해 보지 않은 분도 있을 것이고, 좋아하는 메뉴가 나오지 않아서 속상했던 기억을 떠올리는 분도 있을 겁니다.

지금까지 학교에서 개별 도시락 대신 단체 급식이 필요했던 이유를 생각해 보았다면, 이번에는 단체 급식이 가진 여러 가지 의미를 고찰해 보면서 학교 급식에 부정적인 측면이나 논란거리는 없는지도 생각해 보려고 합니다.

우선, 학교에서 제공하는 메뉴를 친구들과 똑같이 먹기

때문에 오늘 급식에 대해 이러쿵저러쿵 자유롭게 평가할 수 있습니다. 친구들이 싸 온 도시락을 평가하는 게 아니니 마음껏 평가할 수 있고 학생회를 통해 건의할 수도 있겠지요.

친구들 '엄마'의 음식 솜씨를 논하는 게 아니라, 자격증 있는 영양사와 조리사들이 만들어 주는 급식의 질을 평가하는 것이기에 좀 더 영양학적인 의견을 낼 수 있습니다. 그 과정에서 학부모님들의 의견과 학생들의 반응은 공식적으로 수렴되는 절차를 밟게 됩니다.

그런데 이 과정은 간단하지 않습니다. 사실 학교마다 이 절차들만 전담하는 부서가 따로 있습니다. 또 전국적으로 학교 급식 시행에 따르는 여러 관련 법들이 중앙정부와 지방 행정기관들에서 만들어지고 개정되고 있습니다. 무상 급식 확대 관련, 친환경 먹거리와 신선한 식자재 수급 관련, 집단 식중독 예방을 위한 위생 관련, 급식 업무 종사자들의 건강과 처우 관련 등등 우리나라에서 학교 급식과 관련해 일어난 이슈들만 검색해 보아도 얼마나 복잡한지 알 수 있을 겁니다.

그동안 여러분은 급식 먹는 것을 대수롭지 않게 생각하고 당연히 여겼겠지요. 하지만 우리 학교의 급식이 정말 우리의 건강을 위해 제대로 원활히 공급되는 데는, 크고 작은 복잡한 이해관계들이 얽히고설켜 있습니다. 학교 급식은 단순히 학교

내부의 이슈들을 넘어서서 우리나라 사회, 경제, 정치 영역의 이슈들과 연결되는 거대한 문제인 것이지요.

학교에서 점심을 먹는 문제가, 개인의 고민 영역(도시락)에서 어느새 사회 공동체의 문제 영역(학교 급식)으로 확대되었습니다. 앞으로 도시락 시대가 다시 올 것 같지는 않습니다. 어떻게 하면 더 나은 급식을 제공하느냐의 이슈는 계속될 것 같습니다.

'맛있는 철학'의 산실을 위한 제언

나는 여기서 또 다른 문제를 제기해 보고자 합니다. 좋은 식자재와 좋은 급식 메뉴는 어쩌면 학생인 여러분이 당장 관여해서 해결될 문제는 아니지요. 그러면 급식을 먹는 학생의 관점에서 깊이 고찰해 보아야 할 철학적 이슈는 무엇이 있을까요?

나는 학교 급식이 진정한 의미의 '공동 식사'가 될 수 있을까를 생각해 봅니다. 이 문제를 여러분과 토론하고 싶네요.

학교 급식이 그저 수업 시간 사이에 잠시 쉬면서 각자의 배고픔을 채우는 시간 이상의 어떤 의미도 없다면, 그건 학교가 제공하는 '단체 도시락'에 불과할 겁니다. 내가 원하건 원치 않건 정해진 시간에 정해진 먹거리를 먹어야 하는, 그저 학교생활의 정해진 일상의 일부일 뿐이겠지요.

그런데 만약 학교의 점심시간이 공부의 압박감을 잠시 잊고, '친구들과 함께 식사하는 기쁨'을 경험하는 시간이 된다면 어떨까요? 좋지 않을까요? 물론 여러분 중에는 이미 그런 즐거움을 만끽하고 계신 분도 있으리라 믿어요. 학교 급식 시간이 기다려지는 이유가 단지 '맛있는 메뉴' 때문이 아니라, 친구들과 '맛있는 대화'를 나누면서 수업 스트레스에서 벗어나 하루 중 가장 즐거운 시간이기 때문이라면 다행입니다.

이를 위해 학급 차원에서 맛있는 메뉴를 제안할 뿐 아니라, 어떻게 하면 점심을 먹으면서 '맛있는 대화'를 나눌 수 있을지를 모색해 보아도 좋을 것 같습니다. 어느 정도 건강한 음식이라면, 누구와 어떤 이야기를 나누면서 먹느냐에 따라 맛있게 느껴지는 정도는 천지 차이일 테니까요.

개중에는 급식을 즐거운 식사 시간으로 만들기 위해 학급 차원에서 골치 아프게 무언가를 의논할 필요가 있겠냐고 생각하는 분도 있을 것 같네요. '맛있는 대화'는 오히려 자연스럽게 의도하지 않은 상황 속에서 이루어지는 것이라고 주장한다면 그 생각도 맞는 것 같습니다.

다만, 나는 점심 급식 시간이 허기진 배를 채우는 시간 그 이상이 되면 좋겠습니다. 예를 들어 학교 차원에서는 (도시락 시대의 '웃픈' 추억 차원을 넘어서) 영양, 환경, 건강 등의 주제를 가지고 가끔 재미있는 이벤트를 하고, 학급 차원에서는 조별로 점심 미션을 수행하는 주간을 갖는 것입니다. 이렇게 '함께 먹는 즐거움'의 색다른 의미들을 창출했으면 하는 바람이 있습니다.

그러나 이런 제안에 적극적으로 동의하지 않는 분도 있을 것 같습니다. 점심시간에는 조용히 스마트폰 만지면서 혼자서 밥 먹는 것을 더 좋아한다면 말이지요. 공부하느라 심신이 지쳐서 말하는 것도 귀찮고, 공동 식사보다는 '혼밥'이 더 나을 수도 있겠지요.

학교마다 규칙이 있어서 정해진 친구들과 함께 먹어야 하는 경우가 대부분이겠지만, 어떤 주간에는 '침묵의 점심시간'도 제안해 볼 수 있을 겁니다. 친구들과 떨어져서 혼자 먹는 것이 이상한 게 아니라, 사람은 가끔 공동체에서 벗어나 혼자 있고 싶기도 하니까요.

나는 식당도 혼자 조용히 먹고 싶은 사람들의 공간과, 왁자지껄 떠들면서 여럿이 같이 먹는 공간을 나누어 운영해 보아도 좋을 것 같다는 생각을 하곤 합니다. 1인 가구가 증가하면서 혼밥 시대가 되었다고 하지만, 혼자 먹기와 여럿이 함께 먹기를 상황에 맞게 적응해 가면서 그 둘의 조화를 내면화하는 게 건강한 방향이 아닐까요?

함께 먹어도 그 분위기가 맞지 않으면 더 외로울 수 있습니다. 홀로 식사는 외로워 보여도 경우에 따라서는, 음식의 맛을 온전히 음미하는 가운데 자기 내면의 소리를 듣는 시간이 될 수 있습니다. 그러다가 내면이 성숙해져서 나누고 싶은 이야기가 많아졌을 때, 그런 사람들이 함께 식사하면 더 재미있고 맛있는 대화를 할 수 있을 겁니다.

우리 학교생활에서 급식을 먹는 문화가 이 두 가지 양상을 조화롭게 구현해 줄 수 있다면, 미래 사회의 식사 문화는 더 멋있고 맛있어지지 않을까요?

임마누엘 칸트

장장 세 시간 걸린 점심 식사

오후 4시 30분이면 어김없이 산책했다고 전해지는 철학자, 임마누엘 칸트(Immanuel Kant, 1724-1804). 얼마나 규칙적인 생활을 했는지, 그가 산책을 시작하는 모습을 보며 이웃들은 자기 집 시계를 맞추었다는 조금 과장된 이야기가 전해집니다. 그런데 칸트는 왜 아침도 아니고 아주 저녁도 아닌 어중간한 오후 4시 30분에 산책하러 나갔을까요? 이 점이 의아했는데, 칸트의 일과를 살펴보니 이해가 되었습니다.

하루 중 칸트의 유일한 식사 시간은 오후 1시부터 4시까지 무려 세 시간 동안이었다고 전해지는데요. 그게 사실이라면 하루 한 끼의 긴 식사 시간을 마친 그에게는 산책이 필요했을 겁니다. 칸트의 하루 시간표가 명확한 증거를 가지고 전해지는 건 아니에요. 다만 칸트는 가정교사와 강사 생활 이후

대학교수로 비교적 안정된 생활을 하기 시작한 50세 무렵부터 하루 일정을 정확한 루틴에 따라 지내면서 80세까지 건강하게 살았다고 합니다.

칸트는 평생 독신으로 살았습니다. 그렇기에 그의 삶의 루틴에 대한 증언은, 주변 지인들의 이야기나 칸트 자신의 서신에 나타납니다. 밤 10시 취침, 새벽 5시 기상. 아침 식사는 여러 잔의 차. 아침 7시부터 대학에서 두 시간 강의. 오후 1시부터 세 시간의 긴 점심 식사. 4시 반 산책. 산책 이후에는 식사를 하지 않고 집에서 독서와 집필 등 조용한 일을 하고, 정확히 밤 10시에 잠자리에 들었다고 합니다.

그렇다면 칸트는 왜 그렇게 하루 한 끼의 긴 점심 식사 시간을 가진 걸까요? 무려 세 시간 동안 밥을 먹는다? 강의 준비와 집필 활동으로 매우 바쁘게 지냈을 철학자이며, 일상 루틴을 정확히 계획하고 지키는 성격의 소유자라면 오히려 혼밥이 더 어울릴 법한데 말이지요. 아무리 제대로 된 하루 한 끼 식사라지만 세 시간은 너무 길지 않나요?

그런데 놀랍게도 철학자 칸트는 그의 점심 식탁에 거의 매일 5~6명의 손님을 초대해 그들과 유익한 대화를 나누는 '공동 식사'를 했다고 합니다. 당시 유명 인사 또는 외국인 손님을 초대해 철학적 대화를 '맛있게' 나눈 것이지요.

철학자의 식탁 (2) 임마누엘 칸트

칸트는 아마도 그들을 통해 세상 다양한 분야의 이야기를 들었을 것입니다. 사실 칸트는 고향 쾨니히스베르크에서 태어나 그곳을 일평생 벗어나지 않았다는 것으로도 유명한데요. 쾨니히스베르크는 현재 러시아 칼리닌그라드에 해당하는 지역입니다. 자신이 태어나고 자란 곳에서 일평생 지내면서 여행 한 번 안 한 사람이 엄청난 철학 저술 활동을 할 수 있었던 원동력 중 하나는, 점심 식탁의 공동 식사와 맛있는 대화가 아니었을까요?

근세 서유럽에서 해외여행은 존 로크의 『교육론』에서도 말하고 있듯이, 지성인의 필수 코스로서 진정한 귀족의 품격을 높이고 견문을 넓히는 아주 중요한 과정이었습니다. 여행을 통해 세계 여러 나라를 체험하면서 글로벌 인재가 되어 간다고 생각하는 것은 그때도 지금처럼 당연한 일이었습니다.

그런데 칸트는 그런 경험을 식탁에서 한 것입니다. 식탁에 마주한 사람들의 다양한 생각과 부딪히면서 인간 보편 이성의 능력과 한계를 가늠해 보았을 겁니다. 칸트 시대에는 그런 식탁에서의 대화가 지금의 스마트폰처럼 '미디어' 역할을 한 셈이지요. 그러나 그 시대 사람들은 우리처럼 겨우 몇 초의 영상에 절대 만족하지 않았습니다.

칸트도 마찬가지로, 세 시간 동안 나눈 대화와 토론을 더 깊이 있게 생각하고, 생각에 생각을 더하였을 것입니다. 그런 과정이 있었기에 칸트는 한 도시에만 살았는데도 그 방대한 저술을 할 수 있었을 겁니다. 그가 안정된 일상 루틴을 유지하던 50세 이후 중요한 저작들을 남긴 것을 보아도 이를 알 수 있습니다.

칸트의 유명한 철학책 중에 가장 잘 알려진 『순수이성 비판』(1781) 『실천이성 비판』(1788) 『판단력 비판』(1790)의 3대 비판서가 이 시기에 나왔습니다. 『순수한 이성의 한계 안에서의 종

교』(1793), 그리고 국가 간 전쟁을 막고 평화조약을 맺는 데 필요한 정치 철학을 담은 『영구평화론』(1795) 또한 비슷한 시기에 발표했습니다. 특히 칸트의 '영구평화론'은 20세기 국제연맹이나 국제연합을 설립하기 위한 이념적 토대가 되었다고 합니다.

18세기에 한 도시에서만 살았던 철학자가 어떻게 당시 세계정세의 흐름을 읽었을까, 어떻게 인류가 나아가야 할 방향을 구체적으로 펼쳤을까, 도대체 어디서 그렇게 놀라운 혜안을 얻었을까 하는 궁금증이 있었습니다. 그런데 칸트의 공동 식사 자리에 그 답이 있었네요.

PART THREE

음식은 윤리이며 예술이다
▶ 음식과 미래 생활 탐구

제9장

음식의 역습과 지구 생태계

음식의 윤리를 철학하다

내가 먹는 음식 때문에 지구가 아프다?

내가 좋아하는 M 햄버거! 지난여름 처음 간 나라에서 M 햄버거 가게를 보니 너무나 반가웠고 안심이 되었다. 혹시 내 입맛에 맞는 음식이 없어도 달려갈 곳이 있으니까. 세계 어느 나라를 가도 내가 먹어 본 패스트푸드 식당이 있다는 건 아주 좋은 일인 것 같다. 그렇지만 이렇게 생각한 순간, 10여 년 전 초등학교 도덕 시간에 보았던 <햄버거 커넥션>(EBS 지식채널)이라는 프로그램이 기억났다. 영상의 내용은 이랬다.

햄버거 고기 패티를 전 세계적으로 매일 공급하려면 어마어마한 양의 소 떼가 도축돼야 한다. 그만큼 많은 소를 키우려면 엄청난 양의 곡물(가난과 기근으로 고통당하는 사람들에게로 가야 할)을 소들의 먹이로 줘야 할 뿐만 아니라, 울창한 나무들을 잘라 내고 목초지로 만들어야 한다. 이렇게 산림을 훼손하는 일로, 전 지구적 기후 상승이 일어난다. 그 변화의 한 현상으로 급작스러운 해일과 집중 폭우가 쏟아지고, 이로써 심각한 산사태와 많은 인명 피해가 생긴다.

여행의 낯섦 속에서 나에게 안정감을 제공하는 M 햄버거인데, 이를 생산하기 위해서는 지구의 환경이 파괴되어야 한다니! 내가 맛있게 먹고 있는 햄버거가 지구를 삼켜 버리는 것 같다는 마지막 장면이 생생하게 기억나네. 그렇다고 햄버거를 먹지 않을 수도 없

는데…… 어떡하지?

여러분도 이런 고민을 해 본 적 있나요? 우리의 소비생활에 위급한 신호를 보내는 방송을 보면 어떤 생각이 드나요?

이 방송 하나로 갑자기 햄버거를 안 먹거나 육식에서 채식으로 바꾸는 사람은 많지 않겠지요. 다만 내가 먹고 있는 이 음식이 내 손에 들어오기까지 대단히 복잡한 연결고리를 거쳤다는 사실은 알 수 있습니다. 그리고 그 고리들은 지구 저편 어느 지역에, 결과적으로는 지구 전체에 큰 파장을 일으킬 수도 있음을 깨달을 수 있습니다.

그러니까 내가 '생각 없이' 선택하여 먹은 음식이, 우리가 살아갈 지구의 미래를 '생각하게' 만들고 있습니다. 먹거리 하나도 '잘' 생각하면서 선택해야, 이 지구의 생태계를 '잘' 지켜 낼 수 있다는 뜻이지요. 죄책감을 넘어서서 다방면으로 생각할 거리가 많습니다.

"내가 선택하는 음식은 어떤 지구 환경과 연결될까?" 그 연결고리들이 떠올랐다면, 그 각각이 사실인지 확인해 봐야 합니다. 환경 문제를 일으키는 주범이 소비자인지 생산자인지, 아니면 둘 다인지 꼼꼼히 따져 봐야 합니다.

"당장 그 거대 연결고리를 끊을 수 없다면, 차선책은 무엇일까?"라는 질문이 떠올랐다면, 이런 고민부터 시작해 봅시다. "지구 환경을 위해 어떤 식습관을 선택할까?" 나아가 우리의 먹거리와 음식의 소비 습관을 바꾸는 용기 또한 때로는 필요하리라 봅니다.

여러분 중에는 이미 식습관을 바꿔 지구 살리기에 동참하는 분도 있을 겁니다. 행동이 따라야 생각이 진짜 바뀐 겁니다. 행동 없이 말뿐인 생각은 죽은 생각에 불과하겠지요. 이와 관련하여 인도의 성자 간디의 유명한 예화가 떠오릅니다.

어느 날 아들이 단 음식을 너무 많이 먹어서 걱정인 어머니가 간디에게 아이를 데리고 와서 단 것 먹지 말라고 조언해 달라고 했습니다. 간디는 아무 말도 하지 않고 3주 후에 다시 오라고 했습니다. 어머니는 그 조언이 뭐가 어려워서 3주씩이나 후에 오라고 하나 의구심이 들었지만, 아무튼 3주를 기다렸다가 다시 갔습니다. 그랬더니 간디는 아이와 눈을 마주치면서, "애야, 단 것은 몸에 해롭다고 하니 적게 먹는 것이 좋을 거야."라고 말하는 것이었습니다.

어머니는 하도 어이가 없어서 따져 물었습니다. "선생님, 그 말씀 하시려고 3주간을 기다리라고 하신 겁니까?" 그랬더니 간디는 "사실 나도 단 것을 좋아합니다. 그래서 3주간 내

가 단 것을 먹지 않아 본 다음에 아이에게 말한 겁니다."라고
했답니다. 간디는 한마디 조언도 그냥 하지 않고, 그 말을 자
기 삶에서 행동으로 실천했습니다.

Q : 지행합일, 주지주의가 뭔가요?

A : 서양 철학의 시조, 소크라테스는 진정한 생각은 실천과
행동으로 드러나야 한다고 보았습니다. 그는 또 이런 실천
을 동반한 '앎'이 진짜 앎이라고 강조했습니다.

이것이 바로 소크라테스가 말한 지행합일(知行合一)입니다.
즉 참된 앎은 곧 행동과 일치한다는 뜻입니다. 지행합일에
따라, 그는 또 우리의 도덕적 행위의 출발은 제대로 잘 아는
것에 있다고 보았습니다.

그러니까 "알면서도 실천이 잘 안 된다."라는 말은 잘못된
표현입니다. 인간의 참된 인식(진리, 眞)과 윤리적 실천(선
함, 善)은 불가분의 관계임을 소크라테스는 주장했습니다.

그의 삶과 죽음은 바로 이런 지행합일의 모범이 되어 그 이
후 고대 그리스 철학의 주지주의(主知主義) 전통을 이루었습
니다. 주지주의란 감정이나 의지보다 지성 또는 이성이 우
위에 있다고 보는 철학적 입장입니다. 주지주의에 따르면
이성이 감정과 충동을 통제해야 진정한 행복을 얻습니다.

법이 우리 입맛을 강제하기 전에

음식에도 '윤리'가 필요합니다. 먹거리를 소비하는 사람들의 '선택'에는 따라야 할 '규범'이 있다는 뜻입니다. 식품 생산자와 유통업자들이 지켜야 할 음식 윤리는 법으로 규정돼 있습니다. 어린이가 먹는 식품에 유해 첨가물을 넣거나, 유통기한이 지난 음식 재료로 조리하면 법적으로 처벌을 받을 뿐만 아니라, 사회적으로도 지탄을 받습니다.

최근에는 단순히 유해 첨가물을 단속하는 수준이 아니라, 국민의 건강 증진을 방해하는 요소(설탕, 카페인 등)를 제한하는 등 식품 관련 규범의 수준을 높여 가고 있습니다. 그런데 음식의 소비자가 지켜야 할 '음식 윤리'는 강제적이지 않습니다. 그래서 지키기가 더 어렵습니다.

법이 강제하지 않아서 우리 스스로 인식하고 행동으로 옮기기가 쉽지 않지만, 그래서 더 '인간다운' 가치가 존재합니다. 음식 윤리도 그런 것입니다. 우리 사회에서 도덕적 행위를 판단하고 공동체의 윤리를 세워 가는 과정이 '음식'에도 적용됩니다.

음식 윤리란, 구체적으로 어떤 음식을 소비하는 게 지구 생태계에 좋은지, 어떤 먹거리를 구입하는 게 올바른 방향인지 생각하고 실천하는 것을 말합니다. 나아가 다른 사람들에게도 이를 실천하도록 독려하는 것까지 음식 윤리에 포함할 수 있습니다.

그 모든 과정이 인간의 '자유'에 기반하고 있기에 이런 '음식 소비 윤리'를 지켜 나가는 것은 인간의 자율성과 자긍심을 한층 높이는 일이기도 합니다. 사람들의 자율에 맡겨도 지켜지지 않을 때는 강제적인 법을 만들어야 하는데, 타율에 의한 윤리는 진정한 의미의 인간성을 드러낼 수 없기에 그렇습니다.

나는 그런 차원에서 지구의 미래를 '생각하여' 지금부터라도 '개념 있는' 소비를 해야 한다고 생각합니다. 만약 환경과 생태 문제 해결을 위해 이런저런 행동을 해야 한다고 법으로 정한다면 어떻게 될까요? 이런 법을 어기면 벌금을 내거나 감옥에 간다면요? 그리되면 우리는 자율적으로 사고하고 행동할 기회를 잃게 되고, 인간 존재에 대한 자긍심도 사라질 겁니다.

우리가 처한 전 지구적 상황을 보면 음식의 개인 취향 이상을 생각하게 됩니다. 내 입이 좋아하는 음식, 요즘 유행하는 맛집만 찾다가는 지구 생태계가 심각하게 병들 수 있습니다. 그리되면 법이 우리 입맛을 강제하게 될지도 모릅니다.

이제 우리는 지구촌 구성원으로서 먹거리 하나도 '글로벌 시민의식'을 발휘해서 선택해야 합니다. 매우 골치 아픈 일이나, 귀찮다고 그냥 내 입에 맛있는 것만 먹다가는 우리의 자유조차 빼앗길 수 있습니다.

여러분은 어떤가요? 이미 음식 윤리 문제를 고민하고 토론하며 실천하고 있는 분도 있을 거예요. 동물을 사랑한다면서 육식을 즐기는 자기 모습에 모순을 느껴 채식 위주로 식단을 바꾸는 것도 한 예입니다. 그렇게는 못 하더라도 동물 복지를 철저히 지키는 식품 구매하기, 인스턴트 음식과 패스트푸드 먹거리를 가급적 먹지 않기도 음식 윤리를 실천하는 예가 될 수 있습니다.

생각이 바뀌면 태도가 바뀔 수 있습니다. 이 음식이 나에게 오기까지 여러 과정을 생각하며 여유 있게 식사해 보세요. 급히 먹을 때보다 스트레스도 줄고 건강에 도움이 될 것입니다. 나아가 안전한 먹거리에 대해 관심을 가진다면, 유전자를 인위적으로 조작해 생태계를 파괴하는 유전자 변형 식품(GMO)의 소비를 피하게 될 것입니다.

음식 윤리를 지키는 행동에는 또 뭐가 있을까요? 농어촌 직거래 상품 선택하기, 로컬 푸드 운동(가까운 거리에서 생산되는 식자재를 소비하는 운동)에 참여하기도 해당할 겁니다. 아예 도시를 벗어나 친환경적으로 조성된 주거 공간에서 '슬로푸드(패스트푸드의 반대말)'를 먹으며 살기도 포함될 수 있습니다.

청소년 여러분은 지금 당장 이런 것들을 선택하기 어렵겠지요. 그러나 적어도 지금 여러분의 음식 선택에는 문제가 없는 걸까, 고민해 볼 수는 있습니다. 지금까지 살펴본 것처럼 오늘 나의 음식 선택이 내 건강뿐 아니라, 지구 생태계의 건강에도 영향을 미치니까요.

제10장

미래 식생활, 상상과 현실

음식 로봇에 관한 철학적 탐구

알약 한 알로 75년을 사는 세상

로봇은 다른 방법으로도 기아를 줄여 줄 수 있다. 사람들이 다양한 이유로 현재와 같은 식사가 아닌 알약 등의 식사를 대신하게 되는 미래의 이야기다. 음식을 대체하는 알약은 단지 화학 구성물이 아니다. 미래학자들에 의하면, 음식 대체 나노봇 시스템이라고 한다. (중략) 이 나노봇은 원자력을 동력으로 하며, 동위 가돌리늄 원소를 섭취함으로써 인간이 활동하기 위해 필요한 에너지로 변환시켜 몸에 공급한다. 프레이타스 박사는 이 동위 가돌리늄 원소가 75년 동안 효력을 발휘한다고 예측하고 있다. 그 결과 미래에는 한 끼를 먹는 것만으로 100세까지 음식을 섭취하지 않을 수도 있게 된다는 뜻이다.

— 박영숙 외 『유엔미래보고서 2040』 교보문고

미래 인류는 어떤 음식을 먹으며 살까요? 지구촌 식량 문제가 완전히 해결되고, 지구 생태계가 건강하고 아름답게 유지되는 미래라면 말입니다. 정말 알약 한 알로 모든 영양소를 섭취할 수 있게 될까요? 알약 섭취가 전부인, 식사 같지도 않은 식사를 하게 될까요?

위에 인용한 글에서 미래학자가 예측하는 것처럼 '음식 대체 나노봇 시스템'이 개발되어 한 번의 '섭취'로 평생에 필요한 에너지가 공급되는 미래가 정말 올까요? 그런 미래가 현실이 되면 '식생활'이라는 말은 아예 사라질 것입니다.

가족이 모여 밥을 먹을 필요가 없고, 사람들이 모여서 식사하는 문화도 없어집니다. 식당과 식자재 가게가 사라지고, 요리를 하지 않으니 부엌도 주방 제품도 존재하지 않을 것입니다. 음식과 먹는 행위에 관련된 모든 부분이 몽땅 사라져 버리는 그런 미래가 과연 우리 앞에 펼쳐질까요? 만약 그렇게 된다면, 너무 재미없는 세상이 되는 건 아닐까요?

너무 바빠서 식사하는 시간도 아까울 때가 있습니다. 음식을 만들어서 먹고 설거지하는 것까지를 식사 시간에 포함한다면, 인간은 정말 많은 시간을 식생활에 쓰고 있지요. 그렇다고 막상 인간에게 먹는 재미가 사라져 버린 세상을 상상하면 너무나 삭막하고 끔찍할 것 같기도 합니다. 반대로 좋은 측면은 없을까요?

만약 알약 하나로 75년의 식사가 해결된다면, 굶주림으로 죽어 가는 사람이 더는 생기지 않을 겁니다. 기아 문제가 해소될 것이고, 지역 간의 먹거리 전쟁도 사라지겠지요. 지구 생태계 파괴가 멈추고 자연과 인간이 조화롭게 살게 되니 좋은 측면 아닐까요?

미래 인류의 식사가 어떤 모습이 될지 현재 우리는 정확히 알 수 없습니다. 미래학자들의 예측이 맞을 수도 있고 빗나갈 수도 있을 겁니다. 여기서 더 중요한 것은, 그런 미래 식생활에 대한 철학적인 상상력의 문제라고 생각합니다. 미래 식생활 변화가 인류에게 가져다줄 영향에 관해, 좀 더 의미 있고 깊은 상상력이 필요하다는 뜻이지요.

크게 두 가지 문제를 생각해 볼 수 있겠습니다. 하나는 미래 식생활에 대한 예측이 어떤 '가치 기준'에서 이루어졌나 하는 문제이고, 다른 하나는 그런 미래 식생활의 영향력에 관해 인류는 어떤 것을 더 '인간다운 것'으로 선택할 것인가 하는 문제입니다. 이것은 비단 식생활뿐 아니라, 인간이 개발하고 있는 모든 과학 기술에도 던져야 할 윤리적, 실존적 물음입니다.

왜 인류는 알약 한 알로 하루를, 또는 평생을 살고 싶어 할까요? 이런 소망이 지향하는 가치는 무엇일까요?

아마도 그것은 효율성일 것입니다. 효율성이란 노력 대비 최대의 결과를 만들어 내는 특성을 말합니다. 주로 기업에서 적은 시간을 들여 높은 수익을 내려고 효율성을 따지지요. 효율성에 대한 열망은 먹는 행위에도 적용되어, 빨리 간단히 먹으면서도 영양소와 에너지를 충족시키는 식품 개발을 추진하게 합니다.

그런데 그런 열망은 올바른 가치일까요? 인간이 지향하는 가치에는 사회를 망가뜨리는 방향의 가치도 있다는 걸 잊어선 안 됩니다. 예를 들어 여러분의 집중력을 향상하는 약이 있다면, 시험공부를 할 때 그 약을 먹어야 할까요?

이때 따져 봐야 할 게 바로 가치입니다. 집중하려고 노력하는 것과, 노력 없이 화학적 자극을 주어 내 몸을 집중하게 만드는 것 중 어느 쪽이 더 가치 있는 일인가요?

올림픽에서 선수들에게 도핑 테스트를 하는 것도 의지적 노력을 옳은 가치로 보고 있기 때문입니다. 그렇지 않다면, 머지않은 미래에 수능 날 수험생들에게 도핑 테스트를 해야 할 수도 있을 겁니다.

만약 여러분이 시험 결과에만 집착해 그 과정에서 옳은 가치를 버린다면, 그런 사회는 너무나 암울할 것입니다. 마찬가지로 '알약 한 알' 식사가 가져올 결과에만 집착한다면, 윤리적인 문제가 발생할 수 있습니다.

예를 들어 알약 한 알이 생산 효율성을 높인다면, 인간을 마치 먹지 않고 일하는 로봇처럼 취급할 수도 있을 겁니다. 지금도 끼니를 대충 때우고 일하는 사람이 많은데, 그런 알약이 개발되면 인간은 점심시간의 짧은 여유조차 빼앗길 가능성이

크지 않을까요?

그런 미래에 인간은 어떤 윤리적 판단을 내리고 어떻게 행동할까요? 먹는 시간을 대폭 절약한 인류는 어떤 더 '좋은' 일을 하고 있을까요? 먹는 즐거움 대신 어떤 다른 즐거움을 누리게 될까요?

여기에 답하려면, 과연 그런 미래가 가져다줄 결과가 인간의 삶의 질을 더 풍요롭게 해 줄 수 있을지에 대한 판단이 필요할 겁니다. 만약 심각한 인간 소외 위험이 있다면, 그런 약

의 개발이나 유통을 막을 방안을 마련해야 할 수도 있을 겁니다.

나아가 그런 알약이 합법화되었다고 가정했을 때 과연 '알약 한 알' 식사를 선택할지는 인류 개개인이 고민할 또 다른 문제라고 봅니다.

먹방 없는 세상을 상상할 수 있나?

한편, 미래 식생활에서 긍정적인 측면과 부정적인 측면이 대등하다면, 미래 인류는 어느 쪽을 더 선호할까 하는 철학적 상상을 해 봅니다. '알약 한 알'이 인간을 소외시키는 방향이 아니라, 굶주림의 문제를 해결하고, 환자들의 식단을 획기적으로 바꾸고, 나아가 질병 치료를 목적으로 개발된다면 상용화하는 데 아무 윤리적 문제가 없을까요?

경제 불평등 문제도 생각해 봐야겠지요. 그런 알약이나 음식 대체 나노봇을 누구나 값싸게 구입할 수 있느냐는 윤리 문제와는 별개의 문제이기 때문입니다.

설령 알약 한 알 상용화가 윤리적으로 경제적으로 문제없이 이루어지더라도, 인류가 그것을 선택하지 않을 많은 이유가 상상됩니다. 가령, 그런 식사는 인체의 소화기관과 내장기관 기능을 축소하고 또 다른 건강 문제를 일으킬 수 있습니다. 농업 종사자들을 비롯해 요리사와 영양사 등 인류의 식생활을 책임져 온 수많은 직종이 사라지는 문제도 생각해 봐야 합니다. 알약 한 알 상용화를 반대하는 이들이 거대한 역풍을 몰고 올 수도 있으니까요.

나는 여기서 더 깊이 들어가서 인류가 어떤 쪽을 더 '인간다움'으로 선호할 것인가를 상상해 봅니다. 효율성 극대화를 가져다주는 식품 개발과 최첨단 과학 기술이 윤리적 문제 없

이, 그리고 경제적 불평등을 초래하지 않고 발전한다고 가정했을 때, 과연 인류는 먹는 즐거움과 공동 식사 문화를 포기할 수 있을까요?

최첨단 과학 기술 문명 시대인 지금도 여전히 아날로그적 삶을 선호하는 이들이 있습니다. 레트로 감성이 새로운 유행이 되기도 합니다. 이런 현상에서 위 질문에 대한 답을 유추해 볼 수 있지 않을까 싶습니다.

학교 급식이 사라지고 TV 또는 유튜브 '먹방'이 사라지는 세계는 삭막하다고 느끼는 이들이 분명 있을 겁니다. 이들이 간편 식사의 효율성을 지향하는 이들보다 더 많이 존재하는 미래를 한번 상상해 보세요. 그런 미래에서 '옛날 방식의 식생활' 문화는 지속될 것이고 이 문화를 지켜 가는 것을 인간다움으로 생각하지 않을까요? 여러분도 한번 상상의 나래를 펼쳐 보세요.

제11장

'귀하신 몸' 요리의 신세계

음식의 예술성 탐구

왜 요리 예술가 말고, 요리 장인일까?

"자, 음식 식기 전에 사진부터 빨리 찍어라!"

외식하는 날이면, 이제는 아빠가 먼저 사진 찍을 시간을 주신다. 언니는 재빨리 폰을 높이 들고는 식탁의 각도를 잘 맞추어 '찰칵찰칵' 순식간에 몇 컷을 찍는다.

언니가 SNS에 음식 사진 올리기를 시작한 지도 꽤 되었다. 처음엔 음식을 먹으러 왔는지 사진을 찍으러 왔는지, 가족들이 식사하는 중간에도 연신 사진을 찍어 대서 모처럼 맛집에서 하는 가족 식사에 방해가 되기도 했다.

하지만 언니의 촬영 속도는 빨라졌고, 우리 가족도 언제 어디서 무얼 먹었는지 기록이 남으니 나쁘지 않다고 생각하게 되었다. 당연히 우리 얼굴은 안 들어가게 찍는다. 누구 손인지 우리 가족만 아는 익숙한 손가락이 가끔 찍히곤 하지만.

언니한테 음식은 먹는 것 이상이다. 나는 맛있으면 그만인데, 언니는 화려한 음식의 색깔과 예쁜 그릇에 더 관심이 많다. 푸드 스타일리스트가 되고 싶다며, 오래된 식당이든 최근 오픈한 식당이든 분위기를 따진다. 우리 언니랑 데이트하는 사람은 꽤 골치 아플 것 같다. 그리고 만약 '알약 한 알 식사' 시대가 온다고 해도, 우리 언니 같은 사람들은 그런 식사를 절대 거부하며 아마 반대 운동에

음식도
예술-!

적극적으로 나설 것이다.

음식은 인간의 생존을 위해 필요한 것이면서, 식생활 문화를 구성하는 핵심 요소이기도 합니다. 음식은 인간의 윤리적인 가치 기준을 드러내기도 하고, 인간에게 예술적 경험을 제공하기도 합니다. 이 장에서는 음식 자체가 지닌 독특한 '예술성'을 탐구해 보려고 합니다.

우리는 음식을 먹을 때 맛있다는 칭찬으로 "오~ 예술인데!"라고 하지만 음식 자체를 음악, 미술, 문학과 같은 예술의 영역으로 생각하지는 않습니다. 한식, 중식, 양식당에서 나오는 요리는 조리사 자격시험을 통과한 사람들이 만든 '기술'의 결과물로 봅니다.

물론, 세계적으로 유명한 셰프들은 요리의 기술을 넘어 예술을 추구합니다. 음식 평론가 집단에 의해 최고급 요리라고 인정받는 음식도 더러 있습니다. 하지만 그렇다고 그런 요리를 예술가가 창작한 '예술품'으로 인정해 주는 건 아닌 것 같네요. 아무리 미슐랭 3스타를 받은 요리사도 음악가, 미술가, 문학가, 무용가와 같은 '예술인'으로 대우받는 것 같지도 않고요. 왜 그럴까요?

여기서 우리는 '예술 작품'과 '최고 수준의 요리' 사이에 어떤 차이가 있는지 살펴볼 필요가 있습니다. 음악 작품(악보, 음반 등), 미술 작품(그림, 조각, 건축물 등), 문학 작품(시, 수필, 소설, 희곡 등) 등 예술품은 오래 보존이 가능합니다. 수십 년, 수백 년, 심지어 천 년이 지나도 여전히 존재하지요.

요리는 어떤가요? 단 몇 분, 몇 시간만 지나도 원래의 맛이 온전히 보존되지 않습니다. 사진을 찍으면 형태는 남겠지만, 맛과 냄새를 보존할 수는 없습니다. 그래서 하나의 요리가 오래도록 같은 맛과 향으로, 여러 시대의 여러 사람에게 감상될 수 없는 것이지요. 아마도 이런 '작품 보존성'과 '감상 동일성' 측면에서 요리는 예술 영역에 제대로 등극하지 못했다고 봅니다.

장인(匠人)의 손맛에 의해 창조되는 전통 요리가 간혹 문화유산으로 지정되는 경우는 있지요. 그러나 이 경우도 순수한 예술품으로는 인정받지 못하고 있습니다. 세계 수많은 요리사가 전통과 현대를 잇는 예술적 창작 요리를 개발해 내고 있는데도 불구하고요.

요리 공연장에 줄 서서 들어가는 상상

하지만 미래 사회에서는 요리도 예술품처럼 취급되고, 요리사도 예술인으로 인정받게 되리라 생각합니다. 현재 일어나는 현상에, 근거 있는 상상력을 더하니 그리 예측되었습니다.

현재 전문가들이 식품을 과학적으로 분석해 음식의 맛과 향을 생화학적인 식별 인자들로 전환하는 작업을 하고 있습니다. 만약 이 데이터를 추출해 보존하는 작업이 성공한다면 후대에 언제라도 동일한 맛과 향의 음식을 개발해 낼 수 있겠지요.

또 요리의 정확한 조리법을 재료, 분량, 조리법, 시간 등 상세하게 기록하는 시스템을 구축한다면 어떻게 될까요? 악보를 바탕으로 음악이 연주되듯이, 조리법을 바탕으로 요리 예술품이 탄생하겠지요. 조리법만으로도 창작품의 가치가 있을 것입니다.

요리 저작권 개념도 확고히 정립될 수 있을 겁니다. 셰프들의 요리 과정을 방송하는 프로그램은 이미 많지요. 후대 사람들이 이 방송을 보며 '요리 예술가'의 예술품 제작 과정으로 감상할 수도 있겠네요.

요리가 예술품으로 인정받는 시대가 오면, 마치 클래식 음

악 공연장에 입장료를 내고 들어가듯 요리 공연장도 그리되리라 생각합니다. 요리 공연 또한 아주 진지한 종합예술의 장이 될 것입니다. 지금도 손님들을 위해 요리 퍼포먼스를 하는 식당들이 있는데, 그게 좀 더 예술적 경지로 발전할 가능성이 있다고 생각합니다.

음식을 만드는 과정을 주의 깊게 관찰하고 감상한다고 가정해 보십시오. 이런 공연은 우리의 시각, 청각, 후각, 촉각, 미각 모두를 자극하는 종합적인 경험을 제공할 것입니다. 뿐만 아니라, 요리 예술인과 교감하고 요리 예술품 탄생을 숨죽이며 기대하는 감동 또한 있을 겁니다.

최종 탄생한 요리 예술품을 다른 이들과 함께 나눠 먹고 이야기하는 시간까지를 공연이라고 한다면, 요리와 식사는 음악, 무용, 연극에 버금가는 종합예술입니다. 요리는 우리의 모든 감각 경험을 융합·복합적으로 자극하고, 식사는 감상자들 스스로 참여하는 공연이 됩니다.

요리의 맛을 결정하는 것은 적정한 조리 시간과 상차림 시간이므로, 요리는 아주 섬세한 '시간예술'입니다. 동시에 어떤 분위기에서 누구와 맛보느냐에 따라 맛이 달라질 수 있으므로, 요리는 매우 민감한 '공간예술'이기도 합니다.

더욱이 음악이나 미술 작품이 인간의 정신을 고양하는 역할을 해 왔던 것처럼, 요리도 인간의 마음을 달래고 정신적으로 위로하는 힘을 지닌 만큼 예술의 역할을 충분히 감당할 수 있다고 봅니다. 이렇게 볼 때 미래에 요리는 완벽한 예술의 장르로 등극할 가능성이 매우 크다고 예측됩니다.

여러분 생각은 어떤지요?

제12장

마음을 치유하는 음식

음식치료에 관한 탐구

음식 놀이 어디까지 해 봤니?

"먹을 것을 가지고 저렇게 장난치면 벌 받지 발 받아!"

TV에서 토마토 축제 현장 뉴스를 보시던 할아버지는 매우 못마땅한 듯 혀끝을 차며 말씀하신다. 전쟁과 가난의 시절을 살아 오신 할아버지 눈에는 그렇게 보일 수밖에 없을 것 같다.

온통 붉은 토마토로 가득 찬 광장에서 토마토를 서로 던지고 밟으면서 노는 축제의 현장. 온몸이 토마토로 뒤범벅되어도 행복한 듯 깔깔거리며 웃는 장면을 할아버지는 도저히 이해할 수 없다. 그러고 보니, 나도 살짝 마음이 뜨끔했다. 아직도 지구촌에는 기아 상태 사람이 많은데……

곁에 있던 할머니가 손주들 눈치를 보시며 말씀하신다. "상품성이 없어서 못 파는 것을 가지고 축제를 한다잖소, 축제를. 저렇게 사람들이 즐겁게 놀 수 있으면 좋은 거지. 뭘 당신은 벌 받는다고 그러슈?"

그러자 아버지도 저렇게 지방 축제를 열면 지역 경제를 살릴 수 있어서 좋은 거라 하셨다. 그때 어머니가 조카를 유치원에서 데리고 들어오셨다. 조카가 오늘 유치원에서 만든 것이라며, 과일 조각들로 웃는 얼굴을 만든 하얀 종이 접시를 내밀었다. 할머니와 할아버지는 조카를 반갑게 맞이하며 조카의 작품을 칭찬해 주신다.

그때 나는 의문이 들었다. "할아버지, 이건 먹을 것 가지고 장난친 게 아닌가요?"

음식은 식품을 넘어서서 놀이 재료로도 사용됩니다. 특히 지역 특산물인 농수산 식품을 가지고 축제를 열기도 하지요. 유치원이나 초등학교에서는 음식 재료로 작품을 만드는 실습을 하기도 합니다. 물론 할아버지 말씀처럼, 먹을 것으로 장난치는 것 같아서 안 좋게 보일 수도 있겠지요. 그러나 여기서 중요한 건 음식 재료들이 놀이와 예술에 활용되어 사람들에게 또 다른 의미의 즐거움을 주고 있다는 점입니다.

음식은 유해하지 않아서 놀이와 만들기에 더욱 좋은 재료입니다. 음식은 손으로 만지고 몸에 묻히는 촉감이 좋고, 그러다가 맛있는 냄새에 끌려 맛도 보게 되지요. 평소에 먹던 음식으로 나름 멋지고 예쁜 뭔가를 만들어 보면서 창의력을 발휘하는 거예요. 그러면서 스트레스가 풀리기도 하고 마음이 치유되기도 합니다.

마음을 치유해 준다는 점에서 요리 놀이와 요리 예술은 소울푸드와 공통점이 있습니다. 그러나 차이점은, 소울푸드는 어떤 공동체가 오랜 기간 함께 먹어 온 음식이라는 거예요. 소울푸드는 그 음식을 먹었을 때 그 음식과 관련된 기억을 소환하고, 마음을 정화하는 효과를 일으켜요. 이와 달리 음식 놀이와 음식 예술은 음식을 먹는 행위로 즐기는 게 아니고, 공동체의 기억과도 상관이 없습니다.

소울푸드가 가족이나 지역 혹은 민족의 기억을 공유하는 차원의 음식이라면, 음식 놀이와 음식 예술은 거기에 참여하는 개개인이 한정된 시간과 공간에서 즐기는 활동입니다.

음식 놀이와 음식 예술은 지극히 평범한 일상에서 전문적 지식이나 기술이 없는 일반인이 즐겁게 놀기 위해 여가, 즉 레크리에이션(recreation) 활동으로 하는 것이지요. 그런데 거기에서 새로운 창조, 즉 리-크리에이션(re-creation)이 일어납니다.

일상의 먹거리로 한바탕 노는 과정에서, 또 알록달록한 음식 재료로 나만의 작품을 표현하는 과정에서, 또 다른 나의 모습을 발견하게 되는 것이지요. 나아가 마음의 짐도 조금 가벼워질 수 있습니다.

음식은 지금도 그렇지만 미래에 더더욱 우리의 몸 건강뿐 아니라 마음의 건강까지 지켜 주는 좋은 친구가 될 것입니다. 음식 놀이와 음식 예술로 마음의 문제들을 치료하는 여러 방법이 개발되면서 음식이 가지고 있는 치유의 역할은 매우 주목받을 것으로 예상됩니다.

요리로 스트레스만 푸는 게 아니다

지금도 스트레스 쌓이면 요리를 한다는 사람들이 있습니다. 요리라는 약간의 육체노동을 하고, 음식 재료와 씨름하면서 오감을 자극하다 보면 하루의 피로가 풀리는 것이지요. 게다가 자기가 만든 요리를 식구들이 마치 최고급 요리인 양 맛있게 먹어 주면 어느새 스트레스가 사라진다고 해요.

아 그러고 보니, 치유의 핵심은 음식 자체보다는 그 음식을 만드는 과정에 있군요. 음식 재료를 가지고 즐거운 놀이를 하고, 음식으로 나만의 세계를 표현하는 것 자체가 우리 마음에 치유를 가져오는 거예요.

근심과 걱정은 잊고 몰입하는 즐거움, 나의 내면을 자발적으로 표현함으로써 나답게 뭔가를 만들었다는 희열이 치유를 가져오죠. 앞으론 '먹방'보다는 자기가 만든 음식 예술 작품을 보여 주며 사연을 나누는 '음예방(음식 예술품 방송)'이 더 유행하지 않을까 싶습니다.

심리 상담 치료에 '푸드 표현 예술치료'라는 분야가 있다고 합니다. 음식 재료로 작품을 만들어 마음을 치유하는 활동을 뜻합니다. 음악치료, 미술치료, 독서치료만 있는 게 아니었네요. 미래에는 음식 예술을 통한 자기 치유 활동이 아주 일

상적으로 일어나지 않을까 기대해 봅니다. 하루를 시작하면서 스트레칭이나 가벼운 산책을 하듯이, 하루를 정리하면서 일기를 쓰듯이, '음식 예술로 마음을 치료하는 시간'이 하루의 일과표로 자리하게 되지 않을까요?

음식 예술 재료는 무궁무진합니다. 굳이 알록달록한 제철 과일이나 채소가 아니어도 괜찮습니다. 생라면 부스러기, 사탕 알갱이, 먹다 남은 치킨, 씹다 만 껌도 훌륭한 예술 재료가 될 수 있습니다. 마음이 울적할 때 이런 재료들을 재활용 용기에 담아 이렇게 저렇게 배치해 보세요. 그런 다음 심혈을 기울여 나름의 작품명을 붙여 보세요. 그것도 하나의 음식 예술이 되는 겁니다.

이런 활동을 다른 누군가와 함께하면 치료의 효과가 더욱 커질 겁니다. 이야기가 잘 통하는 친구들끼리 모여 소소한 일상의 음식 재료로 자기만의 작품을 만듭니다. 그 과정에서 서로 대화하면서 각자의 지금 마음 상태를 이야기하는 것이지요. 부정적인 감정이 있다면 서로 대화하는 가운데 그 원인을 서로 이야기하고 스스로도 파악하게 됩니다.

이때 왜 그 음식 재료를 택했는지, 왜 그렇게 표현했는지를 각자 발표하는 시간을 통해 어떤 생각 때문에 그런 선택을 했는지를 스스로 깨닫게 됩니다.

이 과정을 달리 표현하면, '나를 객관화하는 기회' '나를 타자 속에서 발견하는 계기'라고 할 수 있습니다. 이처럼 음식 재료로 나만의 음식 예술품을 만들어 내는 과정을 몇몇 사람들과 함께하면서 좀 더 깊이 있게 자기 내면을 들여다보는 시간이 창조됩니다. 미래에는 사람들이 이런 음식 예술 치유 시간을 일상적으로 자주 가지게 되지 않을까 싶습니다.

여러분은 이 미래 탐구에 대해 어떻게 생각하나요? 미래가 아니라 지금 여러분의 친구들과 이미 하고 있다고요?

네, 그럼 여러분은 미래의 주인공들이니까, 내 예측이 맞았네요!

장폴 사르트르

가장 '인공적'인 것이 가장 '인간적'이다(!?)

인간은 태어나서 죽을 때까지 매 순간 어떤 선택을 해야 하고, 어떤 선택을 하느냐에 따라 그 사람의 삶이 새로운 방향으로 형성됩니다. 청소년 여러분에게도 고민되는 선택의 순간이 하루에도 꽤 여러 번 찾아오지요?

그때, 여러분의 선택 기준은 무엇인가요? 아무리 부모님과 선생님이 좋은 조언을 주셔도, 또는 친구가 도움 되는 말을 해 주어도, 결국 선택은 여러분 스스로가 해야 합니다. 이제 여러분은 그 선택의 책임까지 질 수 있을 만큼 성장해야 할 시기가 되었습니다.

이처럼 인간의 '선택'이 철저히 자기 자신을 만들어 간다고 보고, 인간의 참된 모습은 자유로운 선택에 있다고 주장한 사상가가 있습니다. 그는 바로 프랑스의 철학자 장폴 사르트르

(Jean-Paul Sartre, 1905~1980)입니다.

급진적인 자유주의자이자 무신론자로서 20세기 실존주의 철학의 거장으로 평가받는 사르트르는, 자기 생각을 철학적으로뿐만 아니라 문학적으로도 표현했기에 소설가, 수필가, 희곡작가, 문학비평가라고도 할 수 있습니다.

그는 또 격동의 시대에 사회 문제에 대해 적극적으로 관여하여, 유럽뿐만 아니라 세계적으로도 영향력을 미쳤지요. 참여지식인, 참여문학 활동가, 대중 강연자, 정치 평론가 등 다방면으로 활동해 "지성의 전방위 활동가, 밤의 감시자"라는 별명도 가졌습니다.

사르트르의 생애에서 의미 있는 '선택'이 몇 가지 있었습니다. 그중 하나는 '계약 결혼'이라는 선택이었습니다. 그는 자신의 삶에 큰 영향을 미친, 프랑스 철학자이자 작가인 시몬 드 보부아르(Simone de Beauvoir, 1908~1986)와 51년간을 살았습니다. 하지만 그들은 일반적인 혼인 절차를 밟은 부부가 아닌 동거하는 '연인'으로, 당시 세계적으로 유명한 지성인 커플이었지요.

다음은 제2차 세계 대전 동안 프랑스의 레지스탕스로 활약하는 선택이었습니다. 이 일로 그는 독일 포로수용소에서 생활하게 되었는데 거기서 그의 명작인 『존재와 무(L'être et le néant)』를 구상하게 됩니다.

전쟁이 끝나고 사르트르는 평범하게 고등학교 철학 교사로 일하면서 집필 활동을 했습니다. 그 시기 마르크스 사상에 심취하여 공산주의를 찬양하는 글을 쓰기도 했지만, 공산당원이 되는 것을 선택하지는 않습니다. 이유는 사르트르가 자신을 부르주아지(자본가 계급)라고 판단했고 공산당에서는 비판의 자유가 없다는 것을 알았기 때문이라고 합니다.

세간에 유명해진 사르트르의 또 다른 선택은, 1964년 노벨 문학상 수상을 거절하고 상금도 반납한 것입니다. 이유는 노벨상이 서양 사람 위주로 선정되는 것은 옳지 않다는 판단 때문이었다고 합니다.

이처럼 '선택'으로 시대의 아이콘이 되었던 사르트르는 자기가 먹는 '음식'에 대해서는 과연 어떤 선택을 했을지 궁금해집니다. 사르트르는 무소유를 주장하면서 한때 집도 없이 호텔에 기거하면서 식당에서만 식사했다고 전해집니다. 그는 신선한 과일과 채소는 '지나치게 자연적'이어서 싫어하고, 오히려 가공을 많이 한 통조림 과일과 통조림 채소를 선호했다고 합니다. 곤충을 연상시킨다고 게와 가재는 혐오했고요.

반면에 케이크와 페이스트리 등 빵과 과자류는 모양과 조리법, 심지어 맛까지 사람이 특별한 의도를 가지고 만든 것이기에 좋아했다고 합니다. 단순히 맛있어서가 아니라 사람

자유선택

의 손길이 많이 가서 선택한다는 것은, 우리의 생각과는 아주 다른 선택의 기준이네요. 사르트르는 왜 그랬을까요?

정확히는 모르겠으나, 그의 철학적 사상을 들여다보면 짐작할 수 있을 것 같습니다. 사르트르는 그의 명저 『존재와 무』에서, 이 세계의 모든 존재를 '사물'과 '인간' 두 영역으로 구분합니다. 인간은 다시 '나'와 '타자'로 나누어서 존재 영역을 '사물, 나, 타자' 세 영역으로 구분합니다. 그런 다음 사물은 '즉자

철학자의 식탁 (3) 장폴 사르트르

존재(l'être-en-soi)', 나는 '대자존재(l'être-pour-soi)', 타자는 '대타존재 (l'être-pour-autrui)'라고 이름을 붙입니다.

여기서 각 존재의 존재 방식에 주목해 봅시다. 의식을 갖지 않은 사물의 존재 방식(즉자존재)은 다른 존재와 관계를 맺지도 못하고 그럴 필요도 없으므로, 자기 자신 안에서(en-soi) 자기 충족적으로 존재합니다. 반면 의식을 가진 인간은 자기 자신을 향하므로(pour-soi), 끊임없이 자기를 채우기 위해 무언가와 관계를 맺는 운동을 하면서 자유로운 주체로 존재합니다.

이런 '존재 방식'에 대한 생각을 기초로 사르트르의 음식 선택의 이유를 생각해 보자면, 그는 가장 '인간적인' 음식을 선호했던 것 같습니다. 빵, 과자, 통조림을 지금 우리는 '인공' 혹은 '가공'이라고 부르며 부정적 시선으로 바라보곤 하지만, 사르트르의 실존적 생각에서는 정반대였던 거죠.

의식 없이 자연물 덩어리로 존재하는 음식보다는, 인간의 '자유 선택'이라는 가미(加味)를 가장 많이 한 식품이 최고의 음식이라고 사르트르는 생각한 것 같습니다. 인간의 자유로운 의지가 자연식품을 변화시켰기 때문에 그 결과물인 인공식품은 인간에게도 좋다고 생각한 것 같습니다. 재미있는 논리이지요?

여러분에게 가장 '인간적인' 음식은 어떤 건가요? '나에게 인간이란 무엇인가?' 곰곰이 생각하면서 그런 요소를 가진 음식을 '선택'해 보길 바랍니다.

Q: 실존철학이 뭔가요?

A: 서양의 전통적인 철학자들은 철학의 임무를 세계와 인간에 대한 보편타당한 진리를 밝히는 것으로 여겼습니다. 19세기~20세기에 여기에 반기를 들고, 주체성이 진리이고 진정한 자아 탐구가 철학의 역할이 되어야 한다고 주장한 철학자들이 있었는데 이런 철학적 입장을 실존철학이라고 합니다.

실존주의 철학자들은 인간은 개개인이 겪는 고난과 절망과 죽음이라는 한계 상황에서 살아가며 비로소 진짜 자기 내면의 자아와 맞부딪히게 되고, 자기 스스로 선택하는 진짜 자유 속에서 진정한 실존으로 거듭난다고 보았습니다. 따라서 철학이란 실존으로 살아가는 방법을 탐구하는 것이 돼야 한다는 게 실존 철학자들의 사상입니다.

이 사상은 19세기 덴마크의 키르케고르에서 시작되었으나 그런 철학 사조를 "실존주의(existentialism)"라고 명명하게 된 것은 100년 후 독일의 칼 야스퍼스(Karl Jaspers, 1883~1969)에 이르러서라고 전해집니다. 실존주의 철학은 그 후 문학, 신학, 심리학 등 다양한 학문 영역에 영향을 끼쳤습니다.

참고문헌

- 라루스 편집부 『그랑 라루스 요리백과』 시트롱 마카롱(2021)
- 마틴 코언 『음식에 대한 거의 모든 생각』 부키(2020)
- 박영숙 외 『유엔미래보고서 2040』 교보문고(2013)
- 새뮤얼 스텀프 『서양 철학사』 종로서적(1983)
- 새뮤얼 스텀프, 제임스 피저 『소크라테스에서 포스트모더니즘까지』 열린책들(2004)
- 쇠렌 키르케고르 『이것이냐 저것이냐 1, 2』 도서출판 치우(2012)
- 신승철 『식탁 위의 철학』 동녘(2012)
- 아리스토텔레스 『니코마코스 윤리학』 현대지성(2022)
- 안광복 『식탁은 에피쿠로스처럼』 북트리거(2021)
- 유네스코 아태 국제이해교육원 편저 『맛있는 국제이해교육: 다문화 시대의 음식과 세계화』 일조각(2007)
- 장폴 사르트르 『존재와 무』 민음사(2024)
- 존 로크 『교육론』 비봉출판사(2011)
- 줄리언 바지니 『철학이 있는 식탁: 먹고 마시고 사는 법에 대한 음식 철학』 이마(2015)
- 천명선, 현수랑 『재미있는 인체 이야기』 가나출판사(2014)
- 캐롤린 코스마이어 『음식 철학』 헬스레터(2021)
- 플라톤 『티마이오스』 아카넷(2019)
- 플라톤 『파이돈』 아카넷(2020)
- 한국철학사상연구회 『다시 쓰는 서양근대철학』 오월의 봄(2012)
- 한국프랑스철학회 편 『현대 프랑스 철학사』 창비(2015)